面接の質問

絶対内定2025

我究館創業者
杉村太郎
我究館館長
藤本健司

ダイヤモンド社

はじめに
面接がうまくいかない人の、2つの特徴

「言いたいことをうまく伝えられない。何を話したらいいかわからない」

「自分が何を話しているか、わからなくなってしまう」

「頭が真っ白になる」


学生から、このような面接の悩みをよく相談される。

これを読んでいるきみも、同じような経験があるのではないか。

これまで1000人以上の学生を見てきたが、その理由は大きく次の2つだ。

①質問の意図を正確に把握できていない
②コア（就活の軸）が明確になっていない

そこで、**就職活動で必ず聞かれる59の質問とその意図を、面接当日でも読み切れるよう、コンパクトにまとめた**。大事な面接が迫っている人でも、今すぐに対策ができるようになっている。

この一冊で一次から最終まで、あらゆる面接に対応できる。この本にない質問を受けることがあるかもしれないが、そのほとんどは掲載している質問を派生させたものだ。

まずは最頻出かつ基本の質問とその意図を、この本で把握しておいてほしい。

ただ、それだけでは、内定は獲得できない。人気企業の競争倍率は数百倍にもなる。質問の内容を踏まえて、何を語るかが重要だ。

そのときに鍵になるのが、コアである。

コアとは就活の軸とも表現される、「人生を通じて大切にしたい価値観やこだわり」のことだ。

これが明確になっていると、「自己ＰＲ」や「学生時代がんばったこと」「志望動機」に一貫性と説得力が生まれる。また、コアに基づいて伝えたいことを整理し、適切に言語化できていれば、「何を話しているかわからなくなる」という悩みはなくなっていく。

本書には、学生が実際に面接で話した実例も多数掲載している。それを参考にしながら、自分自身のコアが何かを考え、その伝え方を磨き上げていってほしい。

それでも、どうしても納得のいくコアが見つからない場合は、我究（自己分析）をしてみよう。自分が心から納得できるものが必ず見つかる。

本書を使って、質問の意図を汲む力を養い、自分のコアを明確にしていこう。

焦らず、一歩ずつ改善すれば大丈夫だ。

きみなら絶対にできる。

我究館館長　藤本健司

この本の使い方

質問の意図を正確に把握し、攻略する

面接といえば、アピールするもの。
したがって、何をしゃべるか、どう表現するかといった「発信すること」ばかりに意識がいってしまいがち。

しかし、忘れてはいけない。

伝えるということは、「受け手（面接官）が、どういう気持ちなのか」をつかむことである。
伝えるためには、何をしゃべるか、どう表現するか以前に、「**質問の意図（狙い）は何なのか**」「**何を聞きたがっているのか**」を正確につかむ必要がある。
これは、対面でもオンライン面接でも変わることはない。

「面接はしゃべること以上に聞くことが大事」
「伝えるためにも相手の意図を読み、また場を読むことが大事」

この本を読んで、「面接官の気持ちを想像する意識とスキル」を高めていただければ、と願う。

①各質問には面接官のどんな意図があるのか、学生の何を知りたいのか。質問の狙いを把握する。

②各質問の意図を踏まえ、自分だったらどんな答えをするか、事前に考えておく。

本書で挙げている質問は、非常にポピュラーであり、必ず聞かれると思ってよい。ということは、すべて「さあ、どうぞホームランを打ってください」という〝やさしい質問〟なのだ。したがって、これらの質問にうまく答えられないようではマズイ。必ず事前に考えておこう。

質問は、おおむね次の5つに大別できる。

①現在の長所・短所・価値観に関する質問…長所、短所、モチベーションの源泉、こだわりなど
②過去の経験に関する質問……………一生懸命だったこと、挫折経験、人生における大きな決断、大学の専攻や研究の専門分野など
③未来のビジョンに関する質問…………夢、ビジョン、当社で挑戦したいこと、志望動機、会社への提案など
④就職意識や就活の進捗状況に関する質問…なぜ就職したいのか、他社の選考状況など
⑤時事問題などに関する質問……………気になる時事問題と、それについての意見など

結局どの質問も、**自分について**、あるいは**自分の意見とその理由**を述べるものなのである。いうまでもなく、「質問への答え」の根底にある「自分のコア（大切にしてきた価値観、これからも追い求めたいもの）」を、「揺るがぬものとして自覚している」ことが大切なのである。

そしてすべての質問で、「どんなことをどのようにしゃべると有効か＝相手が何を望んでいるか」がわかっているかどうか、つまり学生の賢さや察しのよさ、**コミュニケーション能力の高さ**を問われているのだ。もちろん媚びを売ることが有効なのではない。

何が有効かは、会社や面接官によって微妙に違う。その場の空気を読み、ニュアンスを合わせる姿勢も、大人として必要である。

さらに質問1と2には、最近よく聞かれるようになったことを追加した。いずれもコロナ禍に関連するものだが、これらも答え方の基本は変わらない。他と同様に「質問の意図」を考えて対応すればよい。

面接で求められるスキルは、一朝一夕に身につくものではない。

各質問に対し、何をどうしゃべるかを考えておくだけでは十分ではない。相手と心を通わせながら、流れを読みながら、どう伝えていくか、十分に練習して、**身体で感覚的につかむ**必要がある。**模擬面接は、平均的に20回は練習が必要**だ。友人や社会人の先輩に面接官役をしてもらい、練習を重ねよう。

これらについては、『絶対内定2025 面接』に詳しく述べているので、ぜひ参照してほしい。

注意事項

準備したことをただ話す人は、落とされる

想定される質問に対して、あらかじめどのように答えるかを考えておくことは必要なこと。しかし、それには次のようなリスクがある。

①面接において、「しゃべる内容」にばかり意識がいき、肝心な、「空気を読むこと」や「面接官の気持ちを読むこと」、また、「自然なコミュニケーション」がおろそかになる可能性がある。

あらかじめしゃべる内容を準備しすぎると、「あれは言えたか、これは言えたか」と、頭の中で自問自答が始まり、面接官と心を通わすことがおろそかになってしまうものだ。

②一つ一つの質問に対し、「その質問にはこの答え」、とパターン化してしまうと、面接の流れの中で、時にずれた回答をする可能性がある。

例えば、アルバイトの話で熱く語ろうと思っていたが、面接官が興味を示した勉強の話でかなり熱く語っていたとしよう。その場合、アルバイトの話は、面接官が興味を示さない限りは、自分から詳しく熱く話すべきではないかもしれない。そのあたりは、**その場の空気次第なのだ。**あらかじめ用意しておいたとおりにしようとしては、間抜けになってしまうのだ。

③あらかじめ用意してきたことを答えていると思うと、面接官は楽しくない。好印象を持たれなくなり

評価が下がる可能性がある。

そうすると、例えば「最近イライラしたことはどんなことがありますか？」などといった用意ができない質問が飛んでくる。

想定問題に対して、しゃべる内容を考えておくからには、相応の練習、すなわち**模擬面接が絶対に必要**なのである。

面接官と心を通わせながら、言いたいことを簡潔に伝えるスキル。面接が始まってからの**流れをくみ、流れの中で、ふさわしいことを答える**スキル。

これらのスキルが十分でないまま、何をどう答えるかばかりに熱中すると、まともなコミュニケーションにはならない。面接官と心を通わせることなく、間抜けな一問一答をしてしまうことになるだろう。気をつけてほしい。

面接は、**面接官と心を通わせながらも、自分の意見を堂々と語る強さ**が絶対に必要なのだ。

●目次

● 過去の経験に関する質問

● 未来のビジョンに関する質問

● 就職意識や就活の進捗状況に関する質問

● 時事問題などに関する質問

就活の成否を決める「コア」について

採用担当者が頻繁に質問してくる「企業選びの基準」や「就職活動の軸」は、言葉は違うが、同じものを意味する。この本ではそれを「コア」と表現している。面接官がする質問の多くは、コアを確認するためのものだ。そのため、本文中に「コア」という言葉が頻出する。

「コア」とは**「人生を通じて大切にしたい価値観やこだわり」**だ。

「今までどんなことを大切に生きてきたか」、そして、「これからどんな喜びを味わっていきたいか」「どんな人生のテーマを追いかけていきたいか」といった質問に対する答えが、それにあたる。

コアは、育った環境、家族、親戚から感じたこと、などからはじまり、小・中・高・大学時代のさまざまな経験を通してきみの中に育まれる。

自己分析をすると、一生懸命だったこと、くやしかったこと、学校や学部、ゼミ選び、などの過去の経験談にも、会社選びや仕事選びといった未来のビジョンにも、一貫した価値観があることに気づくはず。自分が大切にしてきた、そしてこれからも大切にしていきたいこだわりが見えてくる。それこそがコアなのだ。

きみのことをよく知らない相手に対して、自分のことをわかってもらえるよう、**コアを軸として、自分について語る**のだ。自分の考えが、感覚的なこと、思いつきではなく、パーソナルヒストリーの中で育まれた信念に基づいていると伝えることで、面接官はきみの決意、信頼性、人間の深みを感じることができるのだ。

面接の質問項目は、
きみ自身のコアでつなげよう

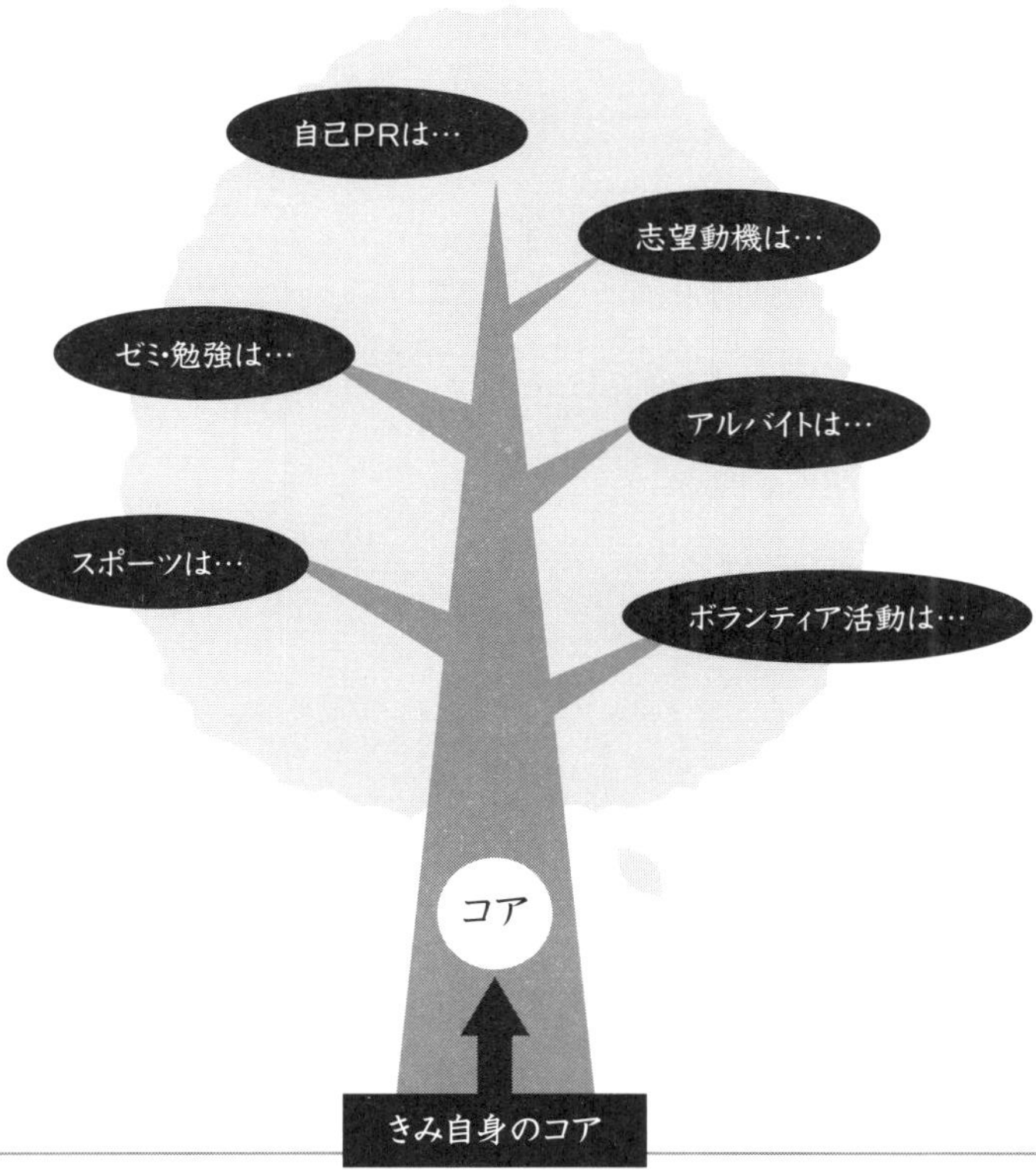

今までの学生生活と
これからのやりたいことを
一貫した価値観（コア）で
つなぐことが大切だ。

コアを考えるための3つの切り口

「コア」は、次の3つの切り口で考えると見えてくる。

1 Being：どんな人でありたいか

どういう人格・性格の人でありたいか。どういう姿勢で生きていきたいか。身につけたい能力や専門性はどういったものか。何のプロになりたいか。

2 Having：何を手に入れたいか

ライフスタイル、ステイタス、名誉、経済的な豊かさ、仲間、温かい家庭、休日の過ごし方、住みたい場所、乗りたい車、職業、何でもいい。人によって手に入れたいものの「中身」は違う。一度しかないきみの人生において、「手に入れたいもの」は何なのか。

3 Giving：社会に与えたい影響

手に入れたいものではなく、社会の中できみはどんな役割を持ち、どんな影響を与えていきたいのか。具体的に、誰に（どんな人たちに）、どんな影響を与えたいのか。社会のどんな課題を解決していきたいのか。

特に3がコア（仕事を通じて実現したいこと）になることが多い。

自分のコアを突き詰めたい人は、『絶対内定2025 自己分析とキャリアデザインの描き方』を読もう。

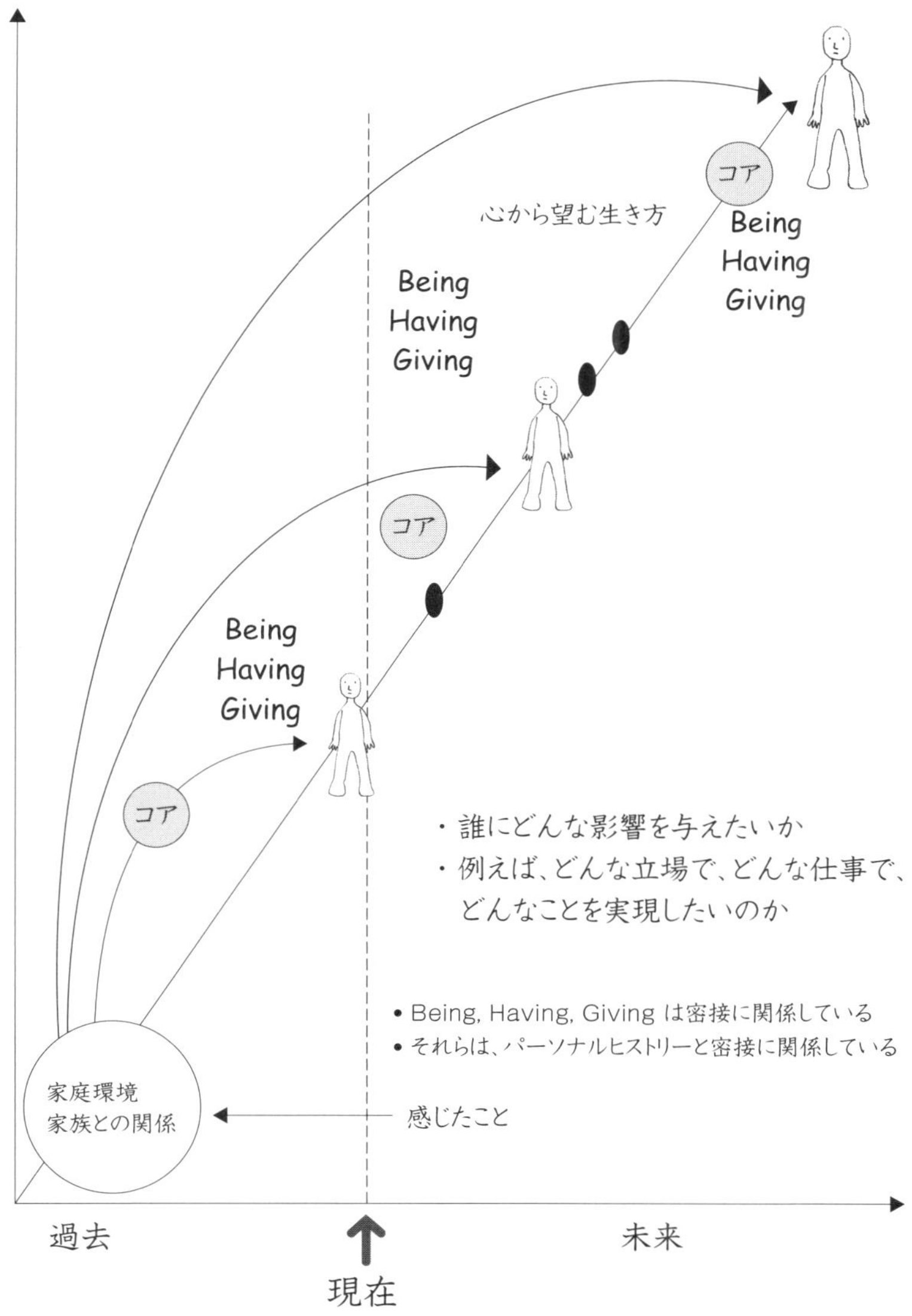

心から望む生き方
コア
Being
Having
Giving
Being
Having
Giving
コア
Being
Having
Giving
コア
・誰にどんな影響を与えたいか
・例えば、どんな立場で、どんな仕事で、どんなことを実現したいのか
• Being, Having, Giving は密接に関係している
• それらは、パーソナルヒストリーと密接に関係している
家庭環境
家族との関係
感じたこと
過去
現在
未来

コアが伝わる、学生時代にがんばったこと

左ページの残念な回答例は事実の羅列だけだ。その背景にある思いや価値観が伝わってこない。メンバーのモチベーションが低くなっている組織に対し、一人ひとりを鼓舞し、新たな施策を実行している点は素晴らしい。だが、こういった話は、それほど珍しくない。イベント主催をしている学生団体やサークルでよくあるエピソードだ。本人の人柄や思いが見えないので、他者との差別化ができていない。

一方、よい回答例は下線部にコア（Giving）を感じる。「なぜそれをやろうと思ったのか」が伝わる。そこから、大切にしてきている価値観がしっかりと伝わってくる。面接官は「人の目標達成や向上に関わることに興味があるのだな」と感じてくれるだろう。文章の後半でも、仲間や講演会参加者に対する思いが伝わり、コアとの一貫性もある。実行した事実以上に、その人の人柄が伝わってくるのだ。

コアが伝わると「何のためならがんばれる人なのか」が面接官に伝わる。そのモチベーションの源泉は、今までの人生で一貫したものなので、入社後も変わらない可能性が高い。そのため、採用担当者は、自社でやりがいを感じながら長期間にわたり働ける人かどうかを判断できるのだ。

コアが伝わりにくい、残念な回答例

学生時代がんばったことは何ですか?

社会で活躍する方を呼び講演会を開催する学生団体の活動に、力を入れました。その団体は慢性的に集客に苦しんでおり、講演会を開催しても参加者が数名のこともあるほどでした。私は広報担当のリーダーとして、集客の課題解決に取り組みました。人が集まらないことによりモチベーションが下がってしまったメンバーを鼓舞することは困難も多かったですが、一人ひとりと向き合い集客に失敗している原因を語ることや告知方法を変えるなどしました。結果、昨年よりも2倍の集客を実現することができました。この経験から、周りを巻き込むことの難しさと重要性を学ぶことができました。

コアが伝わる、よい回答例

学生時代がんばったことは何ですか?

社会で活躍する方の講演会を開催する学生団体の活動に、力を入れました。私自身や周囲の人たちが「将来やりたいことがわからない」という悩みから無目的に学生生活を過ごしていることへの強い問題意識を持っており、団体への入会を決意しました。入会当初は告知力が弱く、参加者が数名しかいないこともありました。講演者の話が素晴らしいのに「もったいない」と思い、私は広報担当に立候補しました。集客に失敗し、やる気をなくしていたメンバーと、「講演会の話が参加者にとってどれだけ価値があるか」を話し合い、プロジェクトの意義を共有しました。結果、メンバーの士気も高まり「友人を連れてくる」という地道で堅実な集客方法を中心に告知を行い、結果として、昨年の2倍の来場者数を実現できました。

コアが伝わる、志望動機

左ページの残念な志望動機は、一般論の羅列にすぎない。ニュースや説明会などで知ったことを並べ、つなぎ合わせただけの志望動機になってしまっている。話としては成立しているが、銀行業務の説明をしているだけ。この人ならではの思いが見えてこない。このような業務説明の志望動機は、就職活動初期の学生がつい語ってしまう。

一方、よい志望動機は評価が高い。幼少期から現在に至るまで育んできた「日本の中小企業の経営を支えたい」というコア（Giving）がエピソードとともに説明されているので、説得力がある。幼少期の体験から「銀行業務の重要性」を強く認識できていることも理解できるため、志望度の高さがうかがえる。「コアがしっかりとしている志望動機」を語れる学生は話に一貫性があるし、ブレない。志望度が高く、その会社に入りたいという思いが強い学生に見える。当然、結果も出る。

面接では、「就職活動の軸は何ですか？」「その軸をもとにどのような企業を受けていますか」と、コアをストレートに聞くような質問が頻出する。「軸を説明できない学生は最初に落とす」と言う採用担当者は多い。何よりも大切にしているポイントなのである。

コアが伝わりにくい、残念な回答例

志望動機（銀行）を聞かせてください。

銀行業務を通して日本の経済を活性化したいと思い志望に至りました。少子高齢化やグローバリゼーションの中で、日本経済は危機的な状況にあります。近年の日本企業の業績悪化や、海外展開の失敗のニュースを見るにつれてその危機感は高まっています。かつての大企業からは想像すらできなかった衰退を見るにつれて、自分にできることはないかと学生時代に考える機会が多くありました。御行の説明会に参加させていただき、幅広い業種や事業規模のクライアントに融資を通して経営のお手伝いをしていることを伺いました。数ある銀行の中でも、顧客数の多い御行でなら、日本経済を支えられるのではないかと思い志望に至りました。

コアが伝わる、よい回答例

志望動機（銀行）を聞かせてください。

日本の大半を占める中小企業の経営を、銀行業務を通して支えていきたいと思い志望に至りました。そのように思う理由に幼少期の体験があります。私は田舎町で育ったため、友人の親が自営業か中小企業の経営者ばかりでした。私の父も小さな会社を経営しており、景気の波に翻弄されながらも懸命に生きる姿を間近で見てきました。時として倒産に追い込まれてしまう友人の家族がいても、何もできない自分の無力さに悔しさを感じたことは今でも覚えています。大学では経済学を学び、金融業界、その中でも銀行が中小企業の経営に与える影響の大きさと重要性を知ることができました。その中でも御行であれば幅広い金融商品と顧客に対して融資を実行できるため、多くの企業を支援できると考え志望するに至りました。

面接の質問

1 コロナ禍において変わったことは何ですか。

質問の狙い

社会や環境の変化に対しての柔軟性や適応力を見ている。

・未曽有《みぞう》の事態に対して何を考え、行動したのかをチェックしている。
・社会的に大きな影響や変化について、能動的に考えられるのかを探っている。

攻略のポイント

・学生生活や家庭など、身の回りで起こった変化をただ聞いているわけではない。
・現状を捉える力、それに応じて自分で考え行動する力があるかを聞かれている。
・事実だけを述べるのではなく、その状況を自分がどう捉え、何を感じたのかを言語化して伝えよう。行動の変化だけでなく、考え方やスタンスの変化を語ることも有効である。
・仕事でも予期せぬことは起こり得る。その時に状況認識力、意思決定力が必要だ。目の前の現実に打ちひしがれることなく、自分で考え、行動したことを堂々と語ろう。
・この質問を見て焦ったきみへ。今からでも遅くない。自分の置かれている現状を分析してみよう。変えられること、変えたいことを明確にし、行動しよう。

こんな学生がいた

「授業やサークルの運営方法がころころ変わり、そのたびに対応を求められた。そのうちに、次にどんな変化が起こるかを考えるクセがついた」

「学校に行く機会が減るとともに、人とのコミュニケーションが減った。そこで、自分から積極的にコミュニケーションをとる意識を高めたり、機会を増やしたりした」

「中国留学が中止になってしまったので、中国語学習コミュニティを作った」

「コロナの影響でフラッシュモブができなかったので、TikTok でダンス動画の配信をした」


企業にとっても、不測の事態に素早く適応するのは重要なこと。一緒に働く人に、その能力を求めるのは当然だ。今からでも遅くない。自らの状況を客観的に捉え、考え、主体的に行動しよう。

面接の質問

2

コロナ禍においてあなたが新しく始めたことは何ですか。

質問の狙い

▼困難な状況での主体性と、行動力を見ている。

・未曽有《みぞう》の事態の中でどう行動したのか聞いている。
・大きな環境の変化に対して、能動的に行動しているのかをチェックしている。
・行動した背景にある、きみの価値観やモチベーションの源泉も見ている。
・きみががんばれることと、仕事との共通点を探っている。

攻略のポイント

・「何もありません」では受動的な人だと認識されてしまう。
・面接の質問1と似ているがこちらは「行動力」をより見られている。
・どんなことを、なぜ始めたのかを語れるようにしよう。
・一度きりではなく、継続していることを語ろう。
・自分のコアは何なのか。そして、それをどう具体的な行動として実践し、継続しているのか伝えよう。まだ、コアが明確でない人は我究（自己分析）をして、まずは自分にとって何が大事なのか確かめよう。そして、どんなことならモチベーションを高めてがんばれるのかを理解し、行動に変化を起こそう。
・実践したことと、志望動機の関連性を確認しておく。この質問への答えと、志望動機が一貫していれば力強い主張になる。
・周りの人を巻き込んでやったことはないだろうか？　そういった経験があるとなおよい。なぜなら、仕事は一人で完結することはないから。関係者との調整に苦労するものだが、コロナ禍の学生生活はその調整力を養う絶好の機会だ。そして、採用する側もその力を確認したいのだ。
・今までとは違う生活を強いられ、ストレスを感じる人は多い。その中でどんな目的意識を持って行動を始めたかが大事だ。自宅でもオンラインでも、できることはたくさんある。自信を持って語れることがない人は、今からでも始めよう。遅すぎることはない。

こんな学生がいた

「家族でダンスエクササイズして、10キロ痩せた」

「オンライン麻雀大会を開催した」

「3DCGソフトを使った『歌ってみた』動画の制作。4か月試行錯誤した結果、2作目がユーチューブで14万再生された」


コアとセットで語ると、主張の一貫性や納得感が一気に上がる。例えばコロナ禍によって、友人と過ごす機会が減ってしまったとする。友人と共に楽しむ時間を作りたいと、オンラインラジオ体操や、オンライン飲み会を何度も継続的に開いたら、これは具体的な行動として語れるだろう。その時に、そのコアにある「人を喜ばせること」も合わせて伝えるのだ。

面接の質問

3

自己PR（自己紹介）をしてください。

質問の狙い

▼強み、弱み、価値観、人間性（人柄＝誠実さや厚み、深さ、リーダーシップ、コミュニケーションスキル）を見ている。

・「簡潔にわかりやすく語れるか」
「どんな雰囲気（態度・顔つき・しゃべり方・声）で語るか」

「どんなことをどんなふうに語るのか」

によって、きみが他の学生と何が違うのかを確認する。
・「どんなことをしゃべると有効なのか」をわかっているかどうかで、賢さを判断する。

攻略のポイント

・「学生時代がんばったこと」と違い、大学時代以前の話をしてもよい。
・幼少期から今日までのライフストーリーを伝えながら、自分のコア（大切にしてきた価値観）や強みをPRしよう。
・とにかくわかりやすく。ゆっくり、落ち着いて、ハッキリと話す。明るく、楽しく話す。
・PRの内容が人生で何度も生かされていると評価が高い。例えば「強み」が中学や高校、大学でも発揮されていると、その能力に再現性があるとわかる。
・話している時はアイコンタクトをバッチリ行う。
・面接官は、きみの話を聞きながら次の質問を考えている。したがって**面接官の記憶に残すために**、具体例や個性的な話を織り交ぜる。
・言いたいことを絞り込んで簡潔に話す。**多くのことを伝えようとしない**。長く話さない。どんなに長くても1分以内に収める。
・時には笑いも有効。でも決してふざけない。
・**暗記の棒読みは絶対にNG**。できるだけ自然に、相手の心に届ける。
・しゃべる内容も大変重要だが、内容だけではなく、**しゃべり方や声、しゃべっている時の雰囲気で伝えるつもりで**。
・リーダーシップや誠実さなどの人間性は、内容よりも、雰囲気や抑揚、カツゼツの明確さ、間のとり方などのしゃべり方や、態度や顔つき、表情などから伝わる、心を動かす力、ひきつける力で判断される。

ありふれた話では面接官が飽きてしまう。きみならではの話や表現をしよう。

いきなり具体的な話をしないように。面接官が興味を示してくれてから、細かいことを述べるのだ。最初はアウトラインだけでよい。

「〇〇という思いで、〇〇や〇〇に打ち込んできました」

きみの答えに対して、突っ込んだ質問が必ずくる。どんな質問がくるのか、必ず想定しておくことだ。

慣れていない場合は自己PRで言いたいポイントをしっかりと整理しておこう。そして「このポイントだけは伝えよう！」と考えればいい。

【自己PRのポイント】

①そもそも私はこんなヤツだ。
（→コア）
②①を根拠づける経験や、幼少期の環境。
（→アウトライン）

面接の質問

4 一言で言うと、あなたはどんな人ですか。

質問の狙い

きみ自身のことを伝えるための最も重要な部分をわかっているか、チェックする。

・きみがどんな人間かを端的に把握する。
・きみの最大のセールスポイントを確認する。
・**「どんなことをしゃべると有効なのか」をわかっているかどうかで、賢さを判断する。**
・きみの表現力を確認する。
・きみのコミュニケーション能力を把握する（一言で言えるかどうか）。

攻略のポイント

・基本は、コア（となる価値観）あるいは強みをわかりやすく伝える。
・どうしてそのようなコア、強みを培ったのか、背景・ヒストリーを語ることで論理的に伝えたい。
・スペックや見た目の印象では伝わらないことを述べるのも有効。相手が気付いていないであろう、魅力を伝えよう。
・自分自身をわかりやすく表す言葉・表現を用意しておこう。
・「一言で言うと」と聞かれているのだから、**ごく簡潔に一つに絞って一言で答え、面接官との間合いをとりながら、必要に応じて、簡潔に具体例を入れて説明を添える**。
・明るく、楽しく。ある程度以上真剣に。
・「自分自身にキャッチフレーズをつけてください」というバリエーションもある。その場合は、多少キャッチーな言葉・表現を使いたい。過去には「情熱ゴリラ」「女子校育ちのアンパンマン」といったコピーをつけている我究館生もいた。
・きみの答えに対して、突っ込んだ質問が必ずくる。どんな質問がくるのか。必ず想定しておくことだ。

これも自己PRと基本的には同じだ。したがって、コアを伝えることを意識しよう。

少しウイットを利かせた表現もありだ。あったかく笑える程度であれば、話も盛り上がる。

その場合は、少し間をとって〝今考えた〟という演出を。

面接の質問

5

あなたのこだわりは何ですか。

質問の狙い

▼これもきみのコアを確認する質問。

・きみの価値観を探る。
・きみらしさを確認する。
・きみ自身が、どんなことにこだわるのか、本音を理解する。
・「どんなことをしゃべると有効なのか」をわかっているかどうかで、賢さを判断する。

攻略のポイント

・自分のコアを意識して答える。
・「なぜ、それにこだわるようになったのか」という背景も併せて伝えるといい。
・具体例もさらりと伝える。
・こだわった結果どうなったのかも伝える。
・一つ一つの事象に対するこだわりというよりは、普遍的・包括的なこだわりを。
・しらじらしくならないように。信憑性・説得力のある話をせよ。
・こだわりに縛られてしまうような、頭の固い人という印象を与えないように。

こんな学生がいた

「私は、結果にこだわります」

本当かな？　と思ってしまう。

本当だとしてもややクサい。

きっかけや具体例が入れば、もっと信憑性が増す。

また、こだわりを聞かれているのだから、どんな結果にこだわっているのかが、知りたいところだ。

「人ができないような結果」なのか、「自分のベストを出した結果」なのか、それとも「みんなが出せる結果」なのか。

そしてそのこだわりが、仕事にどう生かせるというのか。そこまでを意識しておきたい。

面接の質問

6 あなたが大切にしている価値観は何ですか。

▼きみがどんな価値観を大切にしているか確認している。

▼それによって、入社後のミスマッチを避けようとしている。

質問の狙い

・どんな人かを知るためのストレートな質問の一つ。

・質問の意図を理解し、適切に答えられるかを見ている。

・物事を決めるときに、何を大切にする人なのかを見ている。

・抽象的な概念を言葉にするための（論理的）思考力を確認している。

攻略のポイント

・価値観（コア）は短く答える。長文ではなく、単語であるほうがよい。
・自己PR、学生時代にがんばったこと、志望動機と価値観の関連性を伝える。
・抽象的な価値観と共に、価値観が形成された背景や、それが発揮された経験や決断といった具体的なエピソードを語ろう。
・これが明確に語れないと、主張の一貫性がなくなり説得力が下がる。面接の評価も良いものにはならない可能性がある。

価値観（コア）については、14ページを読んでほしい。

　答えに悩む人は、次の2つを参考にしてほしい。

①大きな意思決定をしたときの判断基準
　人生最大の決断、進学先の選択、大金を支払ったできごと、周囲と違う選択をした経験などを思い出そう。そのとき、何を考えていただろうか。

「周囲が喜ぶ」「他人から認められたい」「早く成長して成果を出したい」など、人によって大事にしていることは違う。そこに価値観を探るヒントはある。

②今までにがんばったことの共通点
　どんなことをがんばってきたのか思い返してほしい。大きな成果や他人に誇れる結果が出ていなくてもよい。

　例えば、部活動などのスポーツ、勉強、仲間や恋人を喜ばせた経験、困難や不幸を乗り越えるためにしたことなどだ。

　これらの共通点から、今後仕事へのモチベーションとなる価値観が見つかるはずだ。

面接の質問

7 あなたの長所は何ですか。

質問の狙い

「どんなことをしゃべると有効なのか」をわかっているかどうかで、賢さを判断する。

・他の学生と比べて、何が秀でているのかを把握する。
・きみ自身が、自分の長所をちゃんと把握しているかを確認する。
・この質問をした時に、すでに面接官はある程度頭の中に、きみの長所を描いている。その頭に描いた長所とのすり合わせを行っている。
・同時に自信の度合いもチェックする時がある。
・しゃべっている内容よりも、しゃべっている時の雰囲気、しゃべっている時の様子、しゃべり方から判断される。

攻略のポイント

・ただの長所ではなく、仕事で生かせる強みを伝える。
・仕事に関係なさそうな長所ばかりでは、間抜けな印象を与えるだけになる。
・企業研究を行い、志望企業の志望職種で求められる能力を明確にしてから、何を話すかを決める。
・どうしてその長所を持つに至ったのか、背景を語ることで論理的に伝えたい。
・しゃべっている時の雰囲気、様子、**しゃべり方と内容が一致するように**アピールする。
・説得力を持たせるため、効果的かつ具体的な例を出す。
・**偉そうにしない**こと。偉そうにすればするほど、虚勢を張っているように見えてしまう。
・「現在、まだ発展途上であること」を感じさせる。長所を言ってあぐらをかくのではなく、「まだまだこれから伸ばしていきます」的な印象を与えよう。
・「粘り強さ」や「努力できるところ」など、あまりに一般的なものでは、面接官が飽きてしまう。オリジナルな長所を述べたい。

これはチャンス！

きみの強みを思いっきりアピールせよ。

でもこの時、ちょっと工夫をしてもらいたい。

きみが普段、勝手に人に与えてしまう印象があるだろう。

また、それまでのアピールで伝えてきた印象もあるはずだ。

それらと同じことを、あえてこの質問で話すのはもったいない。

口で言わなければなかなか伝わらないような強み・長所を、ここでは伝えよう。

また、決して現状で満足している様子を出さないように。

「まだまだ未熟です」という気持ちで、「もっともっと伸ばしていきます」という成長の可能性を感じさせよう。

面接の質問

8 あなたの短所は何ですか。

質問の狙い

▼面接官はこの質問をした時に、すでにある程度頭の中に、きみの短所を予想している。その頭に描いた短所とのすり合わせを行っている。

▼きみ自身が、自分のことをちゃんとわかっているか、自分の短所もちゃんと把握しているかを確認する。

・他の学生と比べて、何が劣っているのかを把握する。
・向上意欲、克服に対する意気込みも見ている。
・同時に自信の度合いもチェックする。ちゃんと短所を言えるか。
・しゃべっている内容よりも、しゃべっている時の雰囲気、しゃべっている時の様子、しゃべり方から判断される。
・この質問の後、多くの場合「克服するために何かやっていますか?」とくる。

攻略のポイント

・短所は短所として、ごまかしたり、隠したりせずに、きちんと伝えよう。
・しかし、**どう表現するかは細心の注意を払って考えたい。表現によっては、その一言で面接官は採用する気持ちを失いかねない。**
・**「人と話すのが苦手です」**など、**仕事をする上で、決定的にまずいことは避ける。**
・「どんなことをしゃべると有効か、わかっているか」「どうしゃべるとまずいか、わかっているか」によって、きみの賢さが判断される。
・**具体的な克服アクションを言うことで、「現在、克服中であること」をきちんと伝えよう。**
・たまに「がんばりすぎるところです」「面倒見がよすぎるところです」と長所ともとれるような弱みを伝えようとする人がいるがオススメしない。
・自分のダメなところを暴露する場ではない。「自分が克服しようとしている短所」を伝えて向上心を伝える場であることを意識しよう。
・短所は隠そうとしても面接官にバレていると思っていい。無難な答えで逃げようとする学生はよく思われないものだ。
・その短所があるがゆえに、うまくいかなかった経験を挙げられるように。その失敗経験を通じて、心の深いところで自覚できていることを伝えたい。

実はこの質問もチャンス！

　きみの短所は取り繕っても面接官には伝わっていることが多い。だからこそ短所は短所として、ちゃんと語ろう。

　同時に「**現在、こんな行動を通して、克服しています**」と克服アクションを言うことで、逆にアピールできるのだ！

面接の質問

9

短所をどのように克服してきましたか。

質問の狙い

論理的思考力・課題解決能力・問題解決能力を見ている。

・向上心・克服意欲を見ている。
・どれほどの危機意識を持っているのかを確認する。
・本当に克服しつつあるのか、雰囲気で判断している。
・発想力・応用力もチェックされる時がある。

攻略のポイント

・この質問では、ウソは通用しないと思っていい。
・必ず自分の経験に基づき、自信を持って克服してきたこと（克服しようと努力していること）を話そう。
・**その克服のためのアクションは的を射ているのか、本質をついているのか**を、しっかりと確認すべき。
・事前に友人や先輩に相談して、アクションの中身をしっかり考えてから行動に移そう。
・自分の短所に限らず、普段から問題や課題に対して、どのように解決していくべきなのかを考えるクセをつけておこう。
・その短所があるがゆえの失敗経験と、それを自覚した後に失敗を未然に防いだ経験を語れるようにしておくこと。

どんな場合でも、やってもいないのに頭でっかちに理論を語っても、すぐにバレるものと心得よ。

短所は短所として真摯に受け止め、必ず克服しておこう。

その際、その克服のためのアクションが妥当なもの、最適なものかどうか、ぜひ、確認しよう。

面接の質問

10

「これだけは人に負けない」というものは何ですか。

質問の狙い

▽本気の質問をぶつけることで、根性が据わっているか、将来のリーダーとしての可能性や適性を探っている。

・きみの強みについて確認する質問。
・きみが「他の学生と比べて、何に対して自信を持っているのか」をチェックしている。
・他の学生ではなく、きみを採用することで、どんなメリットがあるのかを探っている。
・話の内容よりも、話し方や話している時の雰囲気、話している時の様子をチェックしている。
・話の内容、しゃべり方、雰囲気により、学生のスケールの大きさを見ている。他人との比較にどの程度興味がある人か。他人を蹴落とすニュアンスがどの程度ある人か、自分の優位性をどの程度熱心に語るかで小ささがわかる。

攻略のポイント

・面接官からきみへの、本気の質問と心得よ。十分な間をとり、真剣なまなざしで、落ち着いて答えよ。
・きみの一番の強みを堂々と伝えよう。
・きみがずっと大切にしてきた価値観や信念を語るのもありだ。
・他の学生と比べても負けない、きみならではのアピールポイントを伝えよう。
・結果が出ているかどうかより、**心から自信を持って言えるかどうか**である。
・決して偉そうにしゃべらない。背伸びしない。少し謙虚さを持って語る。
・**他人を蹴落とすニュアンスは、ゼロ**でいく。**自分を必死にアピールしない**。
・会社がどの程度のスケールの人物を求めているかによってニュアンスに微調整も必要。
・必ず具体例を出そう。そしてその具体例でうならせろ。

これも大きなチャンスだ！
自分の最大の強みを大いに語れ。
ただし、くれぐれも謙虚さを忘れずに。
自信があればあるほど、謙虚に。

気をつけよう！

きみの肝っ玉を試す質問には、間をあけて、ゆっくりと、少しトーンを下げて、落ち着いて一言で答えよ。答えている時の表情やまなざしで伝えよ。

面接の質問

11

身近な人に、どんな人だと言われますか。

質問の狙い

▼身近な人からの印象を知ることで、「本来のきみはどんな人なのか」を把握しようとしている。

・面接官がそこまでの面接で「本来のきみが見えない」と思ったり、「何か不安な要素」を感じたりしている。
・周りの人にどんな影響を与える人かをチェックしている。
・周りの人からどう評価されているのかをチェックしている。
・きみの意外な一面を知りたがっている。

攻略のポイント

・自分が身近な人にどんな印象を与えているかを把握しておこう。
・その上で、この質問をされたら何を答えるかを決めておこう。
・「なんでそう言われると思う?」という質問の答えも準備しておくべきだ。
・きみが**人とつき合う中で最も大切にしている価値観を伝え**て、コアを面接官に伝えよう。
・面接官はきみが「準備してきたこと」ばかりを話しているため、本来のきみが見えなくなっている可能性がある。
・その時点で、面接官に伝えきれていない自分の魅力を伝えよう。
・ここまでで面接官を不安に思わせているきみの印象を推測し、それを覆す内容を伝えよう。
・受けている企業で求められる資質・人間性を理解した上で、伝えきれていないきみの一面を伝えることができればなおいいだろう。
・「見た目」や「話し方」でネガティブな印象を与えている学生にはチャンス。「暗そうだ」と思われている学生が「ムードメーカーと言われます。最初は暗そうに思われがちなのですが、会議や飲み会では、常に笑いを起こして全体の雰囲気作りに努めているからだと思います」などと話すと、面接官の印象を覆せる場合がある。

身近な人といる時こそ、きみの素が出る。面接官はそれを知りたがっている。

きみのコアや、伝えきれていない魅力を伝えるチャンスだ。リラックスしてありのままの自分の魅力を伝えよう。

面接の質問

12 苦手な人はいますか。

質問の狙い

多様性を受け入れる能力、人としての懐の深さを見ている。

・自分と違う価値観や考え方の人と、協力する力があるかを見ている。
・好き嫌いなく人間関係を広げられるかを見ている。
・希望する職種への適性を見ている。
・大企業、特にグローバル企業で求められる多様性を受け入れる力があるかを確認している。

攻略のポイント

・どんな人でも苦手な人はいるもの。「なぜ苦手なのか」を自分の大切にしている価値観と共に説明できるようにしておきたい。単なる人物批判にならないように。

・一方で、「苦手だから、その人を避けてきました」では寂しい。多様な人と力を合わせるのが仕事だ。**苦手ながらも、その人と、どのように人間関係を築いてきたか**を語れるようにしておきたい。

・「価値観の違う人とチームを組んだことがありますか？」や「考え方の違う人とチーム内で衝突した時はどうしますか？」という質問も基本的に聞きたいことは同じだ。

日本企業の海外進出が加速する中で、職場の同僚や上司、仕事相手が日本人以外というケースが増えてきた。文化や宗教、商習慣が違う人たちとビジネスをしていくのだから**多様性を受け入れる能力**が、今まで以上に求められる。人の好き嫌いがある人は、これからの社会を生きていく上で「必要な能力がない」と判断される。近年この手の質問は増えている。

学生時代に、留学生との交流や留学の中でリーダーシップを経験するなど多様性の中に自分から飛び込むことを強くオススメする。

こんな学生がいた

面接の質問4

一言で言うと、あなたはどんな人ですか。

「一歩踏み出す勇気を与える人間です」

「飛び出す勇気とやり抜く意志を大切にしています」

「挑戦をモットーとしております」

端的に、わかりやすくコアを伝えている。

おとなしい人が「**普段は静かですが、肝心な時にみんなをまとめるリーダータイプです**」などと、意外な一面（実はそれほどでなかったとしても）で攻めてみるのも有効。その勇気に、本人もノッていける。面接官も見直したりして、のびのびと面接できることもある。

逆に、明らかに前に出たがりのリーダータイプの人が、「**こう見えても意外と縁の下の力持ちにもなります**」などとかますのも有効。

面接の質問7

あなたの長所は何ですか。

あまりに一般的な長所では寂しいし、面接官は感性《センス》を疑うだろう。

「努力ができます！」

「好奇心が旺盛なんです！」

「思いやりがあります！」

とくれば、面接官は「そりゃないだろう」となるだろう。

チャンスなのだから、しっかりアピールできるものを伝えるべきだ。あるいは表現を工夫するべきだ。

一般的なものを言う場合は、それがどのレベルなのかまで伝えたい。

面接の質問8

あなたの短所は何ですか。

「物事に一生懸命になり過ぎることです」

短所を長所の裏返しとして伝えるのがポピュラーだが、安易に使うと、「短所は言えないのかな」「自信ないのかな」と思われてしまうかもしれない。

もし本当に一生懸命になり過ぎることが短所だと思うなら、どうしてそれが短所なのか、一生懸命になり過ぎるとどうまずいのかを分析するといい。

そこに短所があるはずだ。それを伝えればいいのだ。

面接の質問9

短所をどのように克服してきましたか。

うっかり物忘れすることがあるという短所に対して、**「忘れ物をしないよう、常に心がけています」**

これでは弱い。本当に克服しているのか？

克服アクションは、心がけだけではなく、具体的な行動でも示したい。

例えば**「物忘れしないよう、ノートを持ち歩き、何かあればメモを取り、夜寝る前に、その日のメモを確認しています」**

などとなってくると、全然、克服している度合いが違ってくる。

そもそもなぜ物忘れするのか、もう一段階、深掘りしたい。短所はそこにあるのではないか。

また、**「短所は物忘れが激しいことです」**などと言ってしまったら、その時点で面接官は採用意欲をなくしかねないので、表現には注意。

面接の質問

13

あなたが今までに一番嬉しかったことは何ですか。

質問の狙い

▼「きみはどんなことを嬉しいと感じる人なのか」を確認する。

・きみのコアを確認する。
・きみの一生懸命だったこと・最大の達成感を感じたことを聞いている。
・当然、「どんなことを話すと有効なのか」をわかっている〝賢さ〟があるかも見ている。
・きみが何のためならがんばれる人なのかを確認している。

攻略のポイント

・今まで、どんな人生だったのかを匂わせるように語ろう。
・「人に何かを与える」「人に何かを差し出す」GIVEの喜びを感じる人なのか、「人から何かをもらう」TAKEの喜びしか知らない人なのか、我究（自己分析）の成果を発揮せよ。
・なぜそれを嬉しいと感じたのかも、わかりやすく伝えよう。
・「一人の力で成し遂げられるものなどない」ことに気づいているか。
・個人の成果で嬉しかったこと以外にも、チームで何かを成し遂げた経験があれば準備したい。
・面接官も思わず微笑んでしまうようなエピソードをぶつけてやれ。
・**価値観が問われているので、きみのコアとどのようにつながるのかも考えたい。**

まさに我究の成果が試される時だ。
きみはどんなことに喜びを感じるのか。
きみのHAPPYの源は何なのか。
きみの思いのたけを存分に語るがいい。

気をつけよう！

話したいことは山ほどあるだろうが、そういう時こそ、相手にとって心地よいコミュニケーションを心がける。すなわち、「一言で言うと何なのか」をポンと述べ、間合いをとりながら、説明を加える。

30秒で話せるように徹底して準備しよう！

面接の質問

14

あなたが今までに一番つらかったことは何ですか。

質問の狙い

▼これもきみのコア、価値観を問う質問。

・きみは今まで、どの程度つらいことを経験してきたのかを聞いている。
・きみは「どれくらいのことをつらいと感じる人なのか」を確認する。
・つらいこと、大変なこと、しんどいことに耐えられる人かをチェックしている。
・それをどう乗り越えてきたのかについても、チェックされる。
・その経験がその後にどう生きているかについても、チェックされる。
・「どんなことをしゃべると有効なのか」をわかっているかどうかで、賢さを判断する。

攻略のポイント

・誰だってつらい経験をしているものだ。卑屈になる必要はまったくない。むしろ堂々と。
・自分は何につらさや悲しみを覚えるのか、自分の価値観を踏まえて語ろう。
・暗くならないように。
・**現象を答えるのではなく、なぜそれがつらかったのかもセットで答える**。現象だけでは薄っぺらい人物の印象を与える。
・**その経験をどのように乗り越えた（乗り越えようとしている）のかを語れるように**。つらい時に逃げない自分であることを伝えよう。ここに人の本質が表れる。採用担当者が最も注目するポイントだ。
・また、その経験から「何を学び」、「今にどう活きているのか」が語れるとベストだ。
・いじめられた経験、親からの虐待話はやめておいたほうがよい。
・どんな話も、お涙ちょうだい調で話してはダメだ。エモーショナルになり過ぎないように。
・被害者意識を微塵《みじん》も感じられないように。他者を批判するような発言は控えよう。

気をつけよう！

短所や挫折経験、失敗したことなど、ネガティブなことを聞かれると、今はすっかり克服しているかのように答えようとしがち。しかしその必要はない。今も、これからも、克服していこうとしている姿勢があればいいのだ。面接官は、口先の言葉で判断しない。克服しようという決意があるのか、きみの答え方で判断する。

面接の質問

15

あなたが今までに一番一生懸命だったことは何ですか。

質問の狙い

▼「きみはどんなことで一生懸命になれる人なのか」を確認する。

・きみの一生懸命だったこと・最大の達成感を感じたことを聞いている。
・きみのコア、価値観も問われている。
・「どんなことをしゃべると有効なのか」をわかっているかどうかで、賢さを判断する。

攻略のポイント

・人によっては本当に「一番」一生懸命だったことを言わなくてもいい。「有効なこと」を話そう。
・「有効なこと」とは、その経験から伝わる能力や価値観が志望企業で求められているものと一致すると感じさせる内容のことだ。
・きみが、これまでに一生懸命だったことと、何がそうさせたのかを語れ。
・あまり誇張しないこと。大げさに言うよりも、むしろ真実をそのまま伝えたほうが伝わる。
・そこから何を得たのか、何を学んだのかも伝えよう。
・**それをやる上で、どんな困難があったのか。そしてどのようにして乗り越えてきたのかもアピールしたい**。
・自分なりにどんな工夫をしたのか、ちゃんと伝えよう。
・価値観が問われているので、「きみのコアとどのようにつながるのか」も考えておこう。
・必ず突っ込みの質問がくる。どんな質問がくるか、複数想定しておくべきだ。
・コロナ禍でこの質問に悩む学生は多いが、しっかり準備する。「就活仲間と途上国支援の団体を立ち上げ、オンラインでドキュメンタリー上映会をした。人脈構築しながら50名集客した」など、この状況下でもチャレンジしている学生はいる。

「今までで一番〜」と聞かれているのだから、それなりの重みのものを答えよう。

あまり狙い過ぎて、「本当にそれが一番なの？」とならないように！

気をつけよう！

過去の話に、どの程度感情を込めるのかによって、ニュアンスはまるで変わってくる。

きみのキャラや、それまでの面接で与えた印象から、淡々とクールに話すべきか、それとも感情を込めて話すべきかを、瞬時に判断せよ！

面接の質問

16

あなたの挫折経験を教えてください。

質問の狙い

きみが「どの程度のことを挫折と感じるのか」を探っている。

・きみが「どんなことをしてきたのか」を確認する。
・きみがその挫折と、ちゃんと向き合えているのか、乗り越えているのかをチェックしている。
・きみが「その挫折から何を学んだのか」をチェックしている。
・その経験がその後にどう生きているかも、チェックしている。
・きみの人間としてのタフさ、精神的な強さも探っている。
・仕事上でもきっと経験するであろう挫折。それをどう乗り越えるのかを探っている。
・「どんなことをしゃべると有効なのか」をわかっているかどうかで、賢さを判断する。

攻略のポイント

・事前に自分の挫折経験をまとめておこう。
・その中で、一番大きな挫折は何だったのか、ちゃんと乗り越えている挫折は何だったのかを整理しておくこと。
・どうして挫折してしまったのか、挫折した理由も伝えよう。
・その挫折を**どのようにして乗り越えたのか、あるいはどう生かしたのかを語れ**。
・**その挫折から何を得たのか、どんな学びがあったのか**をしっかりとアピールすること。
・これから起こりうる挫折に、どのように対処するのかを意識して答える。
・必ず突っ込みの質問がくる。「その経験をどう生かしてきましたか?」など。どんな質問にどう答えるのか、想定しておくべきだ。
・挫折や失敗をした時にこそ、人の本質が出る。きみがどんな苦しい経験も成長に繋げることができる人物であることを伝えよう。

ただ挫折経験を述べるだけでなく、その挫折をどう乗り越えたのか、そしてその挫折から何を学んだかを語る。

入社後に経験するであろう挫折とどう向き合い、どう乗り越えそうかを面接官にイメージさせる。

面接の質問

17

学生時代に最も力を入れたこと・最も努力したことは何ですか。

質問の狙い

どのようながんばりをしたのかで、分析力や問題解決力を探る。

- きみの学生生活で、最も注力したこと・最大の達成感を感じたことを聞いている。
- きみは「どんなことに一生懸命になれる人なのか」を確認する。
- きみの価値観も問われている。
- きみの影響力の大きさも確認する。
- 「どんなことをしゃべると有効なのか」をわかっているかどうかで、賢さを判断する。

攻略のポイント

・面接の最初に聞かれる、最も重要な質問だ。
・きみがそれまでに必死に努力したことと、どんなふうに努力したのかを語ろう。
・本当に努力したかどうかは、しゃべっている顔を見ればわかる。大げさに言うよりむしろ真実をそのまま伝えたほうが伝わる。
・そこから何を得たのか・何を学んだのかも伝えよう。
・学んだことがその後にどのように活きているかも説明できるようにしておこう。
・それをやる上で、どんな困難があったのか。そしてどのようにして乗り越えてきたのかもアピールしたい。
・自分なりにどんな工夫をしたのか、ちゃんと伝えよう。
・価値観が問われているので、きみのコアとどのようにつながるのかも考えておこう。
・面接官としては、外見から伝わるもの以外に、何か意外なことはないかと期待している。
・必ず突っ込みの質問がくる。どんな質問がくるか、想定しておこう。

面接の質問15と似ているが、ポイントは「学生時代に」ということだ。したがって学生時代にやったことの中から語る必要がある。基本的には大学もしくは大学院での話をしよう。

小学校も中学校も学生時代だが、あまりに古いと、「それ以降は特にがんばっていなかったの？」となるので気をつけよう。

気をつけよう！

履歴書やそれまでの質問でわかりきっていることを、そのまま答えたらつまらない。面接官を退屈させてしまう。より詳しい話や、思いがけない努力のポイントなど、新たな発見がある話を伝えたい。

面接の質問

18

学生時代、最も思い出に残ることは何ですか。

質問の狙い

▼きみが「どんなことに心を震わせるのか」を把握する。

・きみが「今までどんなことをやってきたのか」もチェックされる。
・きみは「物事に対し、どのように関わっていく人なのか」も確認される。
・きみのコア・価値観も見られている。

攻略のポイント

・最も思い出に残った「能動」的な経験を端的に述べる。
・たまたま経験した「受動的」なことではきみの人柄が伝わらない。
・その上で、**なぜそれが思い出に残ったのか**を伝える。それにより自分のコアや価値観を伝えていく。
・**きみの心が震えるポイント**を面接官に伝えよ。
・心を込めて、気持ちを込めて話をすることで、面接官にもその思い出をリアルに感じてもらおう。

どんな質問でもそうだが、面接で一番伝わるのは、本音である。本音こそ最も相手の心に届くのだ。

たいして感動もしていなかったり、思い出になっていなければ、どんな話をしても無駄だ。

本当に思い出に残った話をしよう。

本当に心震えた経験を語ろう。

もし、そういう経験がなければ、今からでもしよう。

決して遅くはない。

まだ間に合う!

ごく最近の話でも問題はない。

面接の質問

19

なぜ、今の学部を選んだのですか。

質問の狙い

その学部を選んだ動機から、きみの価値観とその一貫性を見ている。また、そこから人物の深さや浅さがわかる。

- 高校生までのきみが大切にしてきた価値観を見ている。
- その動機と大学生活の送り方の一貫性を見ている。
- その動機と就職活動の一貫性を見ている。
- 勉強に対する姿勢を見ようとしている。
- **人生の分岐点で何をどのように考える人なのか**を見ている。

攻略のポイント

・なぜその学部を選んだのかを、コアと関連づけて語ろう。
・なぜそのコアを持ったのかを、**高校時代以前の体験や育った環境を理由に語れるようにしておこう。**
・大学で力を入れて勉強したことと、高校時代以前からの思いに、一貫性を持って説明できるようにしておこう。
・学外の活動なども、その思いと一貫性がある可能性が高い。我究（自己分析）して語れるようにしておこう。
・「なぜ御社を志望するのか」を、この理由と一貫性を持って説明できるようにしておこう。
・理系学部生の文系就職の場合は、「大学院に進まないのはなぜですか」や「学部での研究が生かしづらい仕事になるけれど、それでもいいですか」と聞かれることが多い。これもコアに関連づけてしっかりと説明ができるようにしたい。
・面接官になじみのない新設学部に所属している人は要注意だ。その学部を選んだ理由、学生生活の送り方、その企業で実現したいことを、一貫性を持って語れるように。一貫性がない場合は、それぞれの理由を必ず準備しておこう。
・文学部や教育学部のように、ビジネスからテーマが遠く感じられがちな学部の学生は、「ビジネス」に関わっていきたい理由を説明できるようにしたい。

学部を選んだ動機と、実際に大学生活で学んだことや課外活動が一貫性を持たない人もいるだろう。

だとしても、大丈夫。

入学前に思っていたことと、入学してから思ったことが変わっても不思議ではない。

きみが大学生活で何を感じ、その結果、なぜ当初の予定とは違うサークルやバイトなど他のことに力を入れたのかを論理的に説明できるようにしておこう。ここは我究の力の入れどころだ。

面接の質問

20

どんな勉強をしてきましたか。

質問の狙い

▼なぜその勉強に取り組んだのか、目的（動機）や価値観もチェックしている。コアやビジョンに直結しているほど、人間の深さを感じる。

・どうしてそれを専攻したのか、社会をどう見ているのか、どんな問題意識を持っていて、それが自社と合っているかを探ろうとしている。
・主体性を見ている。自分のコアに通じる、社会への問題意識を持って勉強してきたのか、それとも受動的にやってきたのか。
・その勉強から何を学び、何を得てきたのかも把握される。
・勉強に対する姿勢についても見られている。
・その勉強で学んだことが、仕事にどう生かせると考えているのか。そのことで、分析力・応用力・頭の柔軟性を見ている。
・勉強について聞くことで、「好きなことだけやるタイプ」か「やらねばならないこともがんばれるタイプ」かを見ている。

攻略のポイント

・コアに通じる、社会に対する問題意識から主体的に取り組んだ勉強や研究を述べよう。
・研究は、現在進行形、主にこれから、でもかまわない。
・そしてどうしてその勉強に力を入れたのか、**その勉強を選んだ動機もコアやビジョンに関連させて伝えたい**。
・その勉強の面白さは何なのか。その勉強をしっかりとやった者としての意見を語ろう。その際**一般論にならないように。あくまでも自分の意見を語ろう**。
・その勉強で学んだこと・得たことが、今後どう生きるのかを必ず語りたい。
・決して背伸びはしないこと。突っ込まれればすぐにボロが出てしまう。
・発想力・提案力を発揮するような部分はあるだろうか。
・必ず突っ込みの質問がくる。自分の答えにどんな質問がくるか、想定しておく。
・ビジネススキルとかけ離れた内容を勉強してきた人は要注意だ。文学部や教育学部の人は、なぜビジネスの世界で勝負したいのかを補足説明できるようにしておきたい。

近年、大学の成績を聞く企業が激増している。（成績の）Aの数などから、きみの真面目さや勤勉さを見ている。成績が悪い場合は、なぜ学業に時間が割けなかったのかを自分なりに説明できるようにしておくこと。

とはいえ、やはり学生なのだから、何か一つぐらい勉強で一生懸命になってほしい。

学科の専門分野で語るべきところ。それ以外でもNGではないが、専門からも一つは語れるように。

自分の興味をそそるものに対して、最低一つは没頭してもらいたい。

社会に出れば、自らすすんで学べる人しか活躍できないのだ。

今からでもいい。何か一つ、一生懸命になれる勉強をしよう！

こんな学生がいた

面接の質問14

あなたが今までに一番つらかったことは何ですか。

「大学受験で第一志望校に落ちたことです」

本当にこれが、きみの人生の中で最もつらかった出来事なのだろうか。

もしそうなら、どうしてそれがつらかったのだろうか。

ただ現象を伝えても、それだけでは薄っぺらい人物の印象を与える。

一時的な感情ではなく、自分の人生全体の価値観から語りたい。

「小学校3年の時に、クラスでイジメを受けたことです。まったく人を信じられなくなったことがつらかったです」

「人を信じる」という価値観が揺らいだ経験である。つらかっただろう。

どう乗り越えたのか、続きを聞きたくなる。必ず聞かれると思って準備しておこう。

しかし、小学校3年の時以降はそれと同等以上につらかったことは本当にないのだろうか。

面接の質問16

あなたの挫折経験を教えてください。

「ゼミ長をクビになったことです。みんなのためによかれと思って、自分なりに一生懸命やっていたつもりでした。でも実は他のゼミ生の本当の望みからズレたことをやっていたようです。ゼミの中で誰一人口をきいてくれない状況にまでなってしまいました。私はゼミ生一人ひとりと本音で語り合い、本当に何が必要なのかを考えるようにしました。ゼミ長に戻ることはありませんでしたが、今ではゼミ生みんなと楽しく議論できるようになっています」

なるほど。挫折を自ら乗り越えていることがよくわかる。

この経験から何を学んだのか、その後にリーダー経験はあるのか、その時はどうだったかをつい聞きたくなる。

面接の質問20

どんな勉強をしてきましたか。

「多様性について、社会学的な観点で学びました。私は摂食障害を過去に患いました。また、女性として人それぞれの立場で見え方や捉え方が異なり、それぞれがその異なる点を理解することの難しさと重要性を学びました。

この学びを、教育現場で活かしたいです。具体的には、立場によって捉え方が異なるということを理解してもらい、さまざまな人がお互いの違いを受け入れ共生できる社会創りに貢献したいです」

学びと経験、将来のやりたいことを関連して語れていて、素晴らしい。

面接の質問

21 あなたのサークルは、どんな活動をするサークルなのですか。

質問の狙い

▼そのサークル活動で、何を学び、何を得てきたのかをチェックしている。

・純粋に、きみがどんなサークルで、どんな経験をしてきたのかを知る。
・きみの経験の幅や経験の種類もチェックされる。
・サークル活動におけるきみの役割や、そのサークル活動への関わり方についても見られる。
・きみの影響力の大きさについても見られる。

攻略のポイント

・サークル活動の内容について、初めて聞く人にもわかるように伝えよう。（特に、珍しいスポーツなど、一般の人が知らないことをやっている人は注意だ）
・「似たような他のサークルとどう違うのか」も言えるようにしておく。
・多くの場合、この後に「なぜそのサークルをやろうと思ったのか」と聞かれるので、ちゃんと考えておこう。
・サークル活動の話をすることで、きみの経験の幅、人間としての幅を伝えよう。
・そのサークル活動では、きみはどんな役割を担っていたのか。別に役職がどうのこうのという話ではなく、チームの中で、自分はどんな役割を担い、どんな貢献ができるのかをちゃんとアピールしよう。
・そのサークル活動で学んだこと、得たことをアピールしよう。
・必ず突っ込みの質問がくる。自分の答えにどんな質問がくるか、想定しておく。
・ただのサークル紹介にならないように。きみがそのサークルを選んだ理由やきみがそのサークルにどのように関わったかを伝えよう。

「こんなにすごいことをしてました！」と言わんばかりに過大に語るのは、やめておこう。かえって説得力がなくなる。

あくまで等身大で伝えることを心がけよう。

そして組織の中で、自分はどんな役割・立場で力を発揮できるのかを伝えよう。

サークルに入っていない人も中にはいるだろう。そういう人は、「チームプレー」の経験を語ろう。面接官は、きみが「どんなチーム」で「どんな役割」を果たしてきたのかを知りたがっている。

サークルでなくても面接官の知りたいことは伝えられる。

面接の質問

22 サークル（ゼミ・部活）ではどのような役割でしたか。

質問の狙い

▼きみが周りに、「どんな影響力」を「どれくらいの範囲」で与える人なのかを見ている。

・きみが集団の中でどんな役割を果たそうとするのかをチェックしている。
・きみが集団の中でどんな役割を期待されているのかを確認している。
・**きみが影響を与えることのできる「範囲の大きさ」を見ている。**
・きみの強みや価値観をチェックしている。

攻略のポイント

・きみが、志望企業に入社した時に活躍できるかどうかを、学生時代の活躍を通して想像しようとしている質問だ。
・面接官は、きみが「代表」や「幹事」だったという**「役職」のことを聞きたいのではない。**役職者だけが組織に影響を与えるわけではない。
・きみが組織に与える影響力の強さや、範囲の大きさを確認している。より具体的に語れるように、自分の大学生活の棚卸しをしよう。
・この時に、影響を与える人数や範囲が多いほど活躍の予感がする。それ以外にも、巻き込んだ人の年齢の幅や国籍の幅など、なるべく大きな影響範囲の切り口がないかを思い出してみよう。
・同時に、**その役割の中で、難しかったことや挫折をしたことを語れるようにしておこう。**聞かれる可能性が高い。
・そして、それをどのように乗り越えて、そこから何を学んだかを語れるようにすることも押さえておきたい。
・きみがその役割を期待される理由や、きみ自身が、その役割を得意とする理由をコアや強みと関連づけて語れるようにしておくとよい。

「チームを引っ張っていくリーダー」経験のみがアピールになると思っている人が多いが、そんなことはない。リーダー以外にも、「組織の問題点を改善する人」「人間関係を良好に維持する人」「組織の拡大に貢献する人」「組織の制度を整える人」なども十分、活躍を予感させることができる。きみの魅力が最も伝わるエピソードを準備して面接に挑みたい。

面接の質問

23 サークル活動で一番困難だったことは何ですか。

質問の狙い

▼困難なことをどのように乗り越えてきたのか、分析力や発想力をチェックしている。

・その困難は、どの程度の困難なのかをチェックしている。
・人や企画をまとめる力は、どれくらいあるのかを探っている。
・そのサークル活動で何を学び、何を得てきたのかも見られる。
・「どんなことをしゃべると有効なのか」をわかっているかどうかで、賢さを判断する。

攻略のポイント

・そのサークルにおける一番の困難は何だったのか、ちゃんと考えておくこと。そしてそれは、どの程度の困難であったのかも考えよう。
・**その困難を乗り越えるために、どんなことをやったのか**を絶対にアピールしよう。
・そのサークル活動で学んだこと、得たことをしっかり伝えよう。
・同じジャンルのサークルをしている他の人と同じようなことをしゃべることにならないか。できるだけ自分ならではの切り口で話そう。
・コロナ禍でも「自主練を続け、自粛期間後にレギュラーになった」など、やれることはある。今つらい状況だったとしても、挑戦できることがないか探そう。

気をつけよう！

くれぐれもきれいごとにならないように！

説得力とリアリティを持たせるために、具体例を盛り込もう。

そしてサークルについては、多くの学生が話をするため、面接官は退屈しがち。

独自の切り口がないか、ぜひ考えよう。

どの視点から語れば、面接官に新鮮な感覚を与えられるのかを意識せよ！

面接の質問

24

ゼミでは、どんなことを勉強しているのですか。

質問の狙い

なぜその勉強に取り組んだのか、動機もチェックしている。目的・動機から、その学生の深さ、浅さがわかる。

・純粋に、きみがゼミにおいて、どんな勉強をしてきたのかを把握する。
・社会に対してどんな問題意識を持っているかを把握する。
・きみのコアと研究はどう関係しているのか。
・ゼミ活動から何を学び、何を得ているのかも把握される。
・ゼミ活動に対する姿勢についても見られる。
・ゼミ活動におけるきみの役割、きみの関わり方についても見られる。

攻略のポイント

・ゼミにおいて、自分が最も力を入れた勉強を伝えよう。
・そして**どうしてその勉強に力を入れたのか、そのゼミを選んだ動機も、社会の動きやコアやビジョンに関連づけて伝えたい**。
・その勉強の面白さは何なのか。その勉強をしっかりとやった者としての意見を語れ。くれぐれも一般論にならないように。常に自分の意見を。
・そのゼミで学んだこと・得たことが、今後どう生きるのかを必ず語りたい。
・きみがゼミに込めた思いはどんなものだったのか、ちゃんと伝えよう。
・ただ輪読したり本の内容をまとめたりするだけでなく発想力を生かして提案・提言することもやっているゼミであることを伝えたい。
・ゼミではどんな関わり方をしていたのか。みんなを引っ張るリーダー的役割なのか、それとも冷静に状況を判断して、みんなの動きに合わせて、必要なことをやっていく立場だったのか、など自分なりの関わり方を把握し、アピールしよう。
・決して背伸びはしないこと。突っ込まれればすぐにボロが出てしまう。
・勉強分野に関して、時事問題と絡めて必ず突っ込みの質問がくる。どんな質問がくるか、それにどう答えるか想定しておこう。

ゼミに入っていない人、ゼミをやめてしまった人、籍だけ置いているが事実上何もしていない人もいるだろう。

心配いらない。

たとえゼミでなくてもいい。ゼミに代わるものを探そう。ゼミ以外で、自ら主体的に勉強しようじゃないか。

自主的な勉強会でもいい。個人的な勉強でもいい。

他の学校の勉強でも、地域コミュニティの勉強会でもいいが、学費を払っているのだから、その学部学科に関連しているものが望ましい。

自分からすすんで勉強し、一生懸命取り組めるものがあることが大事なのだ！

面接の質問

25

卒業論文のテーマは何ですか。

質問の狙い

研究テーマを選んだ理由により、その人物の深さ、浅さがわかる。

・卒業論文ではどういう目的意識を持って何を取り上げる予定なのかを知る。
・社会にどんな問題意識を持っているのか、人生に対する主体性を感じたい。
・今後の勉強計画について確認している。
・きみの勉強への姿勢をチェックしている。
・勉強に関する興味の深さ、好奇心の強さを見ている。

攻略のポイント

・卒業論文のテーマをわかりやすく答えよう。初めて聞く人にもわかるように、あまり専門的な言葉を使わず説明しよう。面接官に理解されて初めて意味があるのだ。
・**「なぜそのテーマを選んだのか」については、社会に対する問題意識、および今までやってきた勉強内容とのつながり、コアやビジョンとの関係を述べること。**
・その研究は、どんな意味（価値）があるのか、語れるように。
・その論文は何がウリなのかも必ずアピールする。
・今後の展望についても軽く触れられるとなおよい。
・研究分野に関しては時事問題と絡めて必ず突っ込みの質問がくる。どんな質問がくるか、それにどう答えるか想定しておく。

卒業論文のテーマが決まっていない人も多いだろう。

だからといって「**未定です**」だけでは、少し寂しい。

「**まだ正式には決まっていないのですが、現在○○について研究しており、○○の○○に関心があります。よって今後は、○○の○○における○○について○○というテーマで卒業論文を書きたいと思っております**」

という感じで、これからの展望を述べたい。

こんな学生がいた

面接の質問21

あなたのサークルは、どんな活動をするサークルなのですか。

「吹奏楽のサークルに所属していました。年2回の定演と学園祭での発表会のため週3回の練習をこなしつつも、あいている日にはパート練もやっていました」

「定演」とか「パート練」とか、初めて聞く人にはわかりにくくないだろうか。「定期演奏会」「パート別練習」など吹奏楽のことを知らない人にもわかるように話そう。

面接の質問22

サークル(ゼミ・部活)ではどのような役割でしたか。

「自身の強みを活かし、約100名のメンバー全員から参加したいと思われるサークルにするよう注力しました。ニーズに合わせて、新たな会議や原稿チェックシステムを発案しました。他にも、全員へ一律の説明をするのではなく、それぞれに合わせて、発信する言葉や資料の一つずつを考えました。その結果、アンケートでは100%のスタッフから、活動に魅力を感じると回答をもらいました」

具体的なアクションと結果を述べていて、この経験から仕事における成果が期待できる。

面接の質問23

サークル活動で一番困難だったことは何ですか。

「テニスサークルの活動で最も困難だったことは、メンバー間でサークルの活動に対するモチベーションに差があったことです。そこで私は一人ひとりに『サークルに期待することは何か』をヒアリングし、それぞれのニーズにあった活動内容ができるようサークルを変えていきました」

がんばったのは伝わるが、とてもよくある話だ。違う切り口を再考したい。

メンバー間のモチベーションの差は、サークルだけでなく、部活やゼミ、アルバイトでも起こる。解決策も「一人ひとりからヒアリング」になることが多い。これでは、他者との差別化ポイントが分からなくなる。他に解決に向けて取り組んだことはなかったか考えてみよう。

面接の質問24

ゼミでは、どんなことを勉強しているのですか。

「マーケティングについて勉強しています。特に気候や時間帯の変化による消費行動の違いについて、力を入れて学んでいます。私の実家は酒屋を営んでおり、季節の変化や気温の変化により、商品の陳列を変えていました。そのことがきっかけで、この分野に力を入れております」

まずまずだ。勉強の取り組みとその動機については、しっかり述べている。この勉強から学んだことや面白さについて、きみならではの視点で語るとなおよい。ただし、長くならないように。面接官との間合いを計りながら「もう少しよろしいですか?」などの言葉を入れつつ語りたい。

ところで、実家の酒屋は誰が継ぐのか? 入社しても数年で退職しそうで心配。

面接の質問

26 どんなアルバイトをしましたか。そこから何を学びましたか。

質問の狙い

物事への取り組み姿勢、特にきみの主体性を見ている。

- 今までどんな経験を積んできたのか。経験の幅、人間としての幅をチェックしている。
- アルバイト経験から何を学んできたのかを探っている。
- なぜそのアルバイトを選んだのか、目的や理由を尋ねることで、その人物の深さ、浅さがわかる。
- きみの社会人としての意識・マインドもチェックされる。
- 人間関係の築き方も見られている。
- 「どんなことをしゃべると有効なのか」をわかっているかどうかで、賢さを判断する。

攻略のポイント

・アルバイトではあるが、それを通じて、きみの「仕事への取り組み姿勢」をアピールしよう。

・アルバイト中に心がけていたこと、自分なりに工夫したこと、**アルバイトに込めた思いは必ずアピール**せよ。

・社員や会社に対して、どんな提案を行ったのか、**周囲に対してどんな影響を与えたのか**をぜひ語りたい。

・具体的に**どんな困難を乗り越えたのか、どんな問題を解決したのか**についても、ぜひ語りたい。

・アルバイトを通じて、何を学んだのかを述べるだけでなく、**それが今後にどう生かされるのか**まで話すと、非常に効果的だ。

・周囲（社員や他のアルバイト、お客様）とどんな関係を築き上げたのか、自分なりにまとめておこう。

アルバイトについての質問、これは大きなチャンスだ！

自分のアルバイト経験で工夫したことや、責任を持ってやり遂げたことなどを、大いに語ろう。

「コロナの影響で売上が落ちてしまった。そこで、顧客単価を上げるための提案をして、成果を出した」「外出制限で後輩たちの出勤数が減ってしまった。サービスの質を下げず、すぐ動けるように、マニュアルを作成した」という学生もいた。

ただし、決して偉そうにならないこと。あくまで謙虚に。

面接の質問

27

趣味について詳しく教えてください。

質問の狙い

興味・関心の幅はどれぐらいあるのかを見ている。

・趣味にこそ、その人間の素が表れる。本来のきみはどんな人なのかを把握しようとしている。
・好きなものへの執着の度合いをチェックしている。
・どんな経験をしてきているのかをチェックしている。
・きみの地の部分（意外な一面）を知ろうとしている。

攻略のポイント

・気張ることなく、リラックスして、普段どおり答えよう。
・なぜその趣味を持ったのかも伝えたい。
・どれだけのめり込める人なのかをアピールしたい。
・その趣味の面白みを深いレベルで語れ。**その趣味にのめり込んだからこそわかる面白みを、大いに語れ。**
・そして面接官もそれを趣味にしたくなるほどに、面接官を楽しませよう。
・趣味の話をすることで、**人間としての幅、経験の幅**をアピールせよ。
・さらには**興味・関心の幅**も示してやれ。
・コアにつなげて語ると、非常に効果的である。

趣味の話は、きみの人間性・幅をアピールする絶好のチャンス！

また、この手の質問で、きみの経験の幅、さらに、物事への取り組み姿勢、執着の度合いをアピールすることができる。

「映画鑑賞」「音楽鑑賞」ではもったいないぞ！　映画も音楽もみ〜んな大好きだ。

もっと突っ込んで詳細を語ることでこだわりを見せよ。

基本的には意外な一面を見せるつもりでユニークなものを。

こんな学生がいた

（コロナ禍において新しい趣味として）
・自宅での筋トレ（体重の増減など、結果を数字で示せるとよい）
・散歩（つらいときに、メンタルを良好に保つ工夫）
・写真（インスタグラムで発信を続け、企業案件を獲得）
・美術館巡り（アート作品をオンライン面接のプロフィール画像にして、さりげなく話の種に）

面接の質問

28 あなたの特技は何ですか。

質問の狙い

▼何が得意なのかを知ることで、「本来のきみはどんな人なのか」を把握しようとしている。

・きみらしさを知ろうとしている。
・特技はどのレベルなのかをチェックしている。
・どんな経験をしてきているのかを見ている。
・興味・関心の幅はどれぐらいあるのかを見ている。
・物事に対して、どこまで一生懸命になれるかを測っている。

攻略のポイント

・気張ることなく、リラックスして、普段どおり答えよう。
・なぜその特技を持ったのかも伝えたい。
・どれだけのめり込んだのか、どのレベルにまでなったのかをアピールしたい。
・その特技の面白みを深いレベルで語れ。**それがきみの特技だからこそわかる面白みを、大いに語れ。**
・そして面接官もそれを特技にしたくなるほどに、面接官を楽しませよう。
・その特技を持っていて良かったことを、エピソードを交えて語りたい。
・特技の話をすることで、**人間としての幅、経験の幅**をアピールせよ。
・さらには**興味・関心の幅**も示してやれ。
・コアにつなげて語ると、非常に効果的である。

基本的には、趣味の質問と同様だ。ぜひ、趣味・特技で自分自身の人間性と人間としての幅、そして本気度を示そう。

なお、特技である以上、その場でやってみてくれと言われても、ちゃんとできるようにしておこう。

たまに、「**特技は韓国語です！**」と言いながら、

「じゃあ、しゃべってみて」

と言われると、

「**今はできません……**」

と言う、笑えない状況に陥る学生がいるので、気をつけるように！

起こりうることを想定して準備する力はこれからさらに必要とされる。

面接の質問

29

なぜ、この資格を取ろうと思ったのですか。

質問の狙い

▼きみのこだわりについて確認している。

・きみの資格に対する意識を問うている。
・資格の中身から興味や関心といった価値観を見ている。
・資格の難易度を通して、きみのプロ意識を見ている。

攻略のポイント

・ちょっと変わった資格を持っている場合に、必ず聞かれる質問。
・きみのこだわりを伝えることで、きみらしさをアピールしよう。
・**暗に価値観やコアを伝えることで、さらに効果的な**アピールとなる。
・笑いをとってももちろんOKだが、笑いだけではもったいない。笑いをとったら、すかさずまじめな顔で、自分のコアに基づくこだわりや信念を述べよ。
・「簿記1級」「TOEIC®900点」など、難易度の高い資格を持っている人はチャンスだ。価値観やコアを伝えるのと同時に、きみの「やるとなったら徹底するプロ意識」を面接官にアピールしよう。

実はこの質問は、コアを伝える絶好のチャンス！
絶対に、雑談で終わらせるな。
笑いをとりつつも、しっかりと自分のコアを伝えよう。

面接の質問

30

英語はどの程度できますか。

質問の狙い

仕事をする準備ができている人か。必要なことを、自分から身につけていける人かを探っている。

・仕事をする気持ちが本当にあるのかどうか、を問うている。
・時代に追いついている人かどうかを見ている。
・ある事実に対して、きみは過大評価する人なのか、過小評価する人なのかが見られている。
・語学に対する意識の強さもチェックされる。

攻略のポイント

・**正直に答えるべき。**後でスコアレポートの提出を課す会社もある。ウソは通用しない会社も少なくない。

・スコアや資格を持っていれば、それを言う。もしなければ、「大量の英語論文を読みこなせる程度の英語力」などのように、英語を使って何ができるのかを伝えよう。

・自信があればあるほど、謙虚に話したい。

・**「できません」「苦手です」は完全にNG。**今の時代、英語はできて当然。できなければほとんどの業界で明らかに不利である。

今の時代、TOEIC®テスト700点では、得意とはいえない。

860点以上で「まあまあできるほう」だと思ってほしい。

900点以上なら、プロ意識のある人物だと思ってくれる。

面接の質問

31 体力に自信はありますか。

質問の狙い

▼タフな仕事に耐えうる体力を備えているか、我慢強いか、根性はあるかが見られる。

・純粋に、きみの体力を知ろうとしている。

攻略のポイント

・正直言って「体力はないほうです」ではマズイ。今すぐ体力をつけるべし。

・「3日間徹夜したことがあります」というような、**一時的に、短期集中的にがんばれるというアピールでは、ちょっと弱い**。スポーツなどの**継続的な体力をアピール**したい。

・**体力・精神力・気力・根性も立派な能力**と心得よ。

どこの会社でも、仕事をする上で、まず必要になってくるのが体力である。

あまりに基本的要素すぎるので、「**ない**」と言うのは問題外となるぞ！

スポーツによってしか学べないことは多い。

絆とか、努力の大切さとか、粘り強さとか、限界へ挑戦する姿勢とか。

スポーツ経験のない人も、今からでもいいから、ぜひスポーツをやろう！

ランニング、サイクリング、トレッキングなど、準備がそれほど大変でないものもある。ぜひはじめることだ。

過去にやっていただけでなく、現在も日常的に取り組むことだ。スポーツをしている人が持つハツラツさやオーラも放つべきだ。

こんな学生がいた

面接の質問 26

どんなアルバイトをしましたか。そこから何を学びましたか。

（テレビ局志望者で）

「私はテレビ局のＡＤのアルバイトをしたことがあります。その経験を通して、スタッフの番組制作へかける情熱と一つ一つの作業へのこだわりを感じてきました。ここで学んだプロ意識は、今後のテレビ局の仕事でも大いに役立つと感じています」

悪くはないが、経験の幅、人間としての幅を感じさせたい。テレビ局志望者が、テレビ局のアルバイトでは、視野の狭さを感じる。

せっかくのアルバイト経験だ。もっといろんな経験をして、視野を広く持っておきたい。

自分なりに気づいたこと（問題意識を持ったこと）や提案したことなどもあわせて述べたい。

面接の質問 27

趣味について詳しく教えてください。

「私の趣味は、花火を見ることです。花火好きがこうじて花火鑑賞士の資格を取得しました。花火は見えるのはほんの一瞬ですが、その一瞬にそれまでの多くの苦労や努力が込められているのが魅力なんです」

なかなか面白いね。コアにつなげているところもニクイ！

面接の質問 29

なぜ、この資格を取ろうと思ったのですか。

「潜水士の資格を取ったのは、大好きなスキューバダイビングの魅力を、多くの人に伝えようと思ったからです。そのために、まず海や水のことについてより深く知りたくて取得しました」

なかなかいいね。ちゃんとこだわりを伝えている。

どんな資格も、義務感ではなく能動的な気持ちをポジティブに伝えよう。「〜に必要だと言われたから」では、主体性に欠ける印象を与えてしまう。

面接の質問 31

体力に自信はありますか。

「私は体力がなさそうに思われますが、こう見えても、教員免許、ゼミ、サークル、牛丼屋でのアルバイトをすべて全力でやってきました。睡眠時間が4時間を切る日も多かったのですが、3年間やり遂げましたので、体力には自信があります」

素晴らしいな!

このようにスポーツでなくても、体力のアピールはできる。

長く継続していることは、十分に体力のアピールになり得るのだ!

面接の質問

32

志望動機を教えてください。

質問の狙い

「コアに基づくやりたいこと」をチェックしている。そこから、きみの思いの強さや深さを見ている。

・きみが「どういうことをやりたいのか」がチェックされる。
・なぜそれをやりたいのかも確認してくる。
・仕事を通じてどういうことを実現したいのかも探ってくる。
・社会にどんな問題意識を持っているのか。
・日本やその業界に対してどの程度の危機意識を持っているのかも知りたい。
・きみが「どんなことに喜びを感じるのか」も見てくる。
・仕事に対する意識の強さ・情熱のレベルも見られる。
・仕事の中身が見えているかどうかもチェックされる。

攻略のポイント

・そもそもきみはどんな人生を送ってきて、そんな人生だったからこそ何がしたいのか、という**過去・現在・未来のつながり**を大事にして、志望動機を語れ！
・社会に問題意識を持ち、自分が実現したいことと社会の問題を関連して捉えているか。
・日本が衰退していく現実や、その業界を取り巻く状況、さらには業界や企業の課題を把握し、それらを考慮に入れた志望動機になっているか。
・やりたいことと、自分はそれを実現できるだけの強い思いと能力があることをアピールせよ。
・**具体的な企画も軽く盛り込みたい。**
・面接が進むほど、面接官は志望動機をチェックする。「内定を出したら本当に入社するか」を確認するためだ。本気で伝えよう。
・「なぜ競合他社でないのか？」の質問にも答えられるように。
・**この志望動機で、他の学生と一気に差がつく**と心得よ。

この質問も、まず間違いなく１００％くる。
　きみが心からやりたいと感じていることを、伝えればいい。

【志望動機のポイント】

①私はこんなことを実現していきたい。
（→仕事を通じてのビジョン）
②どうしてそう思うのか。
（→社会への問題意識・自分の価値観）
③私のやりたいことは、こんな形で実現できる。
（→ビジョンの実現方法）
（→活躍する人物であることの根拠）
④具体的に御社でやりたいことはこれです。
（→具体的な企画）

面接の質問

33

なぜ、この業界を志望するのですか。

質問の狙い

▼きみがその業界にこだわる理由、職業観・コアをチェックしている。

・社会全体への関心・問題意識を知りたい。
・業界の実態や中身が見えているのかをチェックしている。
・「やりたいことを考えると、他の業界でもいいのでは？」と揺さぶることで、志望度の強さや、本気度合い、精神的なタフネスさを見ている。

攻略のポイント

・この質問の後は、「その中でなぜ当社なのか」とくることが多い。

・例えば銀行志望の場合は、「なぜ金融なのか」「なぜ銀行なのか」「なぜその会社なのか」の3点を必ず押さえておこう。

・「社会の動きの中でその業界を選ぶ理由」と、「自分のやりたいこと、ビジョンがどうしてその業界で実現できるのか」の両方を語れるようにしておく。

・その業界の実態や中身が見えていることをアピールせよ。

・その業界の実態をわかった上で、自分の意志の強さをアピールしよう。

・他の業界じゃダメなのかと揺さぶられたら、本音で答えよう。本音で、どちらでも自分のビジョンが実現できると思っている場合は、そう言おう。ただし、**この業界が一番適していると考えられる理由を自分なりの考えで、つけ加えよう。**

業界自体に憧れている人が結構多い（広告やコンサルなどの難関業界志望者に特に多く見られる）が、現実をよく見てほしい。

現実は甘いものではない。

憧れだけで何とかなるという世界はまずない。

しっかりと現実を直視して、その上できみの思いの強さや情熱をアピールしようじゃないか！

気をつけよう！

「この業界はこういうイメージ」と決めつけると、発想が受け身になる。受け身な人物という印象をも面接官に与えてしまう。

「今後その業界をどうしていきたいか」という視点も持とう。

面接の質問

34

なぜ、この職種を希望するのですか。

質問の狙い

▼きみの仕事に対する熱意や、その仕事への理解の深さを見ている。

・その職種に対する理解の深さを確認している。
・きみがどれほどの思いで働こうとしているか、仕事観を確認している。
・**ただの憧れで志望していないかどうかをチェックしている。**
・他の職種との比較・分析をする能力があるかをチェックしている。
・その上で、自分の適性を客観視できているかを確認している。

攻略のポイント

・なぜその職種を希望するのかをコアと関連づけて語れるようにしよう。
・なぜその職種で活躍できるのかを強みと関連づけて語れるようにしよう。
・その職種が、その企業の中でどんな役割を果たしているのか理解しておこう。
・**他の職種では実現できなくて、その職種だから実現できるものは何なのか**を語れるようにしておきたい。
・他の職種と比較した時のその職種のデメリットも考えておきたい。
・その職種で自分が描くキャリアビジョンも語れるようにしておこう。
・さらに、実現したいことや挑戦したいこともなるべく具体的に語れるようにしておきたい。
・「もし、その職種に配属されなかったらどうしますか」と聞かれることも多い。きみの思いは、特定の職種でしか実現できないかをしっかり考えておこう。

近年増えている、職種別採用や、ESで希望職種を選択させてから選考をする企業に対しては、必ず準備をしておこう。「何となく営業」や、「面白そうだから商品企画」とか「かっこよさそうだからマーケティング」では、面接で「具体的に何がしたいか」を聞かれても抽象的な話しかできなくなってしまう。

業界研究と会社研究だけでなく、職種研究も絶対だ（『絶対内定２０２５　自己分析とキャリアデザインの描き方』第８章「ワークシートＳＴＥＰ６ 就職対策編」を読むと研究方法がわかる）。

さらに大切なのは、本やネットに出てこない情報を、社会人訪問などを通してどれだけ具体的に聞くことができるか。その仕事をしている人に実際に会って、生の声を聞くこと以上に、その仕事をイメージできる最良の手段はない。やってみよう。

面接の質問

35

当社を知ったきっかけは何ですか。

質問の狙い

▼「知ったきっかけ」から「受けることに決めたきっかけ」への推移を質問することで、きみの情報収集力（分析力、発想力）を見ている。

・どのようにして情報を集めるのか、きみの情報収集力を測っている。

・アンテナの高さ・情報の敏感度をチェックしている。

攻略のポイント

・「知ったきっかけ」は、そのまま答えるしかない。
・**「知ったきっかけ」に加え、どうして志望するに至ったのかを簡単に語ろう。**
・普段から、いかにして情報を収集するべきかを考え、多彩な情報収集ツールを使いこなしたい。そしてその中で、最適な情報収集の手段を選ぶようにしよう。
・普段からアンテナを高く張り巡らせ、情報には敏感であってほしい。しかし、情報に踊らされるようでは困る。情報を自分でコントロールせよ。

情報とは、自ら取ってくるものだ。与えられるものではない。
与えられるのを待っていたのでは、本当に大切な情報は入ってこない。
行動せよ。
足で稼げ。
積極的に情報を集めてこい！

情報収集の手段としてネットがメインになっている。もちろんネットは活用すべきだが、社会人訪問など、直接会って話をしながら情報を集める機会は、絶対になくすな。

こっちのほうが、よっぽど多くの、そして貴重な情報を手にすることができる。

面接の質問

36

当社の印象を教えてください。

質問の狙い

きみの分析力と、そこに独自性があるかどうかも見ている。

・どの程度まで、その会社を把握しているかをチェックしている。
・本当のところ、どのぐらいその会社に興味があるのかを確認している。
・きみがその会社のどこを見ているかをチェックしている。
・きみのその会社への情熱を探っている。
・働くことや働く場への、きみのこだわりも探っている。

攻略のポイント

・自分なりの切り口で、その会社の印象を述べることが大切。**よく言われている話**では面接官には響かない。
・マニアックなことである必要はない。むしろ切り口や視点、目のつけどころで、自分らしさを出したい。
・パンフレットをよく読み、創業理念（会社のコア）と具体的な業務を自分なりに分析し、根底にどのような価値観があるかを語る。
・こういう質問の時に威力を発揮するのが、**社会人訪問などの足を使った情報収集**である。非常にリアルで、的を射た、オリジナルな意見が言えるだろう。
・面接官の印象から、会社のコアやコンセプトを推測して伝えると、面接官も喜ぶだろう。
・客観的な事実だけでなく、きみの主観や、どうしてその会社に行きたいのかも伝えよう。
・商社やコンサル、広告業界を志望している人は特に注意だ。表面的な華やかなイメージだけで志望している学生は落とされる。業界やその企業を取り巻く環境の変化や、仕事の厳しさを理解していることを伝えておこう。

これも大きなチャンスだ！　いい印象だけでなく、改善すべき印象も言っていいだろう。

そしてその印象をなくすには、こうしたらいいのではという提案をしよう。それが的を射ていればいるほど、さらにそれに加えて新しい提案（社内や業界で言われつくされているものでないこと）であればあるほど、強烈なアピールになるし、面接官も本気になるだろう。

面接の質問

37

入社後、具体的にやってみたい仕事は何ですか。

質問の狙い

▼その会社の仕事を具体的に理解しているのか、世の中の動きを把握しているかをチェックしている。

・入社後のイメージを具体的に描いているかを確認している。
・やりたいことについて、きみがどこまで具体的に考えているかをチェックしている。
・きみのやりたいことに対する思いの強さ・本気度合い・真剣さを見ている。
・「自分がどういうフィールドで活躍できるか」がわかっているか（自分を客観視できているかどうか）を見ている。

攻略のポイント

・職種を答えるだけの学生が多いが、それでは物足りない。
・きみのこだわりを、具体的な仕事に落とし込んで伝えよう。
・なぜそれをやりたいのかも語りたい。
・それを通じて、どんなことを実現したいのかもアピールしたい。
・入社後の仕事をありありとイメージして、**できるだけ具体的に、詳細に**語ろう。
・できれば、事前に社会人訪問などで、その会社の社員に話を聞いてもらい、チェックしてもらうべきだ。
・**具体的に語るほど、その思いは強い・本気である・志望度合いが高いと判断される**と心得よ。
・一方で、まだわかっていないのに、わかっているかのごとく語ると、薄っぺらいヤツだと思われる。変に熱っぽく語らないことだ。

こんな学生がいた

「営業をやりたいです。営業を通して、お客様に最適なソリューションを提供し、お客様になくてはならない存在になっていきたいです」

ただ職種を答えているだけになっている。

少なくとも、どんなお客様に、どんなソリューションを提供してみたいのかぐらいは言ってほしい。

ここで突っ込んだ質問がくるだろう。

面接の質問

38 その仕事にはどんな資質・能力が求められると思いますか。

質問の狙い

▼その仕事の本質をわかっているか、チェックしている。

・分析力を見ている。
・その仕事に対する取り組み姿勢や覚悟も見ている。
・学生時代に、どれだけ深い経験を積んできた人かを確認している。
・「どんなことをしゃべると有効なのか」をわかっているかどうかで、賢さを判断する。

攻略のポイント

・最大のポイントは、その仕事の本質を知ることである。
・仕事の本質を把握するのに最も有効なのは、その仕事の**ミニマム体験・プチ体験**である。その仕事の要素を含んだ、身の回りでできる経験をしっかりと積んでおこう。
・インターンシップでの経験を語ることも有効だ。複数日程のプログラムに参加し、仕事理解を深めておこう。
・仕事の本質を把握するのに、**イメージング**も有効である。その仕事をこなしている状態をリアルに頭の中でイメージするのである。細部までイメージすることで、どんな能力が必要かもわかってくる。

この質問では、本気の人とそうでない人の差が明らかに出てしまう。

本気の人は、その仕事の本質をしっかりと捉えているので、求められる能力についての答えも的を射ている。

なんとなく受けている人は、仕事の本質がわかっていないので、ありきたりで一般的、表面的な能力を答えてしまう。

面接の質問

39

希望の配属先に行けなかったら、どうしますか。

質問の狙い

どの程度長期的に物事を考えているか、チェックされている。

- きみのキャパシティの広さ、発想の柔軟性が問われている。こだわりの強さが問われている。
- 本意でないことを言われた時の、切り返し方を見ている。
- そのやりたいことへの思いを、どこまで持ち続けられるかをチェックしている。
- 仕事をどのように捉えているのかも見ている。

攻略のポイント

・あまり頑固に最初の配属先にこだわり過ぎるのは、人事から扱いにくい人材とされる可能性がある。この**「こだわりの強さの度合いをどこまでよしとするか」は、業界・会社によって異なる。同時に、その学生の能力・魅力（評価の高さ）にもよる**。

・やりたいことによっては、また業界・会社によっては、長いスパンでやりたいことの実現を考えていることをアピールしよう。

・与えられた仕事を精いっぱいやりつつ、常に自分のやりたいことへの情熱を持ち続けているヤツであることをアピールせよ。

・社会人訪問を通して、さまざまな部署で得られる経験や成長、やりがいを把握しておこう。特に大企業では複数の部署を経験しているからこそ実現できることがある。社内で話を通すための知識や能力、人脈が手に入るからだ。それさえ理解できていれば、この質問にも答えやすくなるケースが多い。

仕事は、すべて自分の意見が通るとは限らない。

むしろ最初のうちは、通らないことのほうが多い。

そんな中、やりたいことへの情熱をいつまで燃やし続けることができるのだろうか。

一方で、希望の仕事に就けずに3年も5年も回り道していいのか。

本気の夢は何か？

一生をかけて追い求めたい夢の実現のために今、戦略を立てよう。

面接の質問

40

当社の改善点・課題は何だと思いますか。

質問の狙い

社会全体の大きな動きが捉えられているかどうか。さらに、その会社に対するきみの分析力・提案力が問われている。

・きみの意見や視点が妥当かどうか、斬新かどうかを把握する質問。
・その会社をどれぐらい真剣に志望しているのか、本気度合いがチェックされる。
・きちんと提案できる人かどうかが見られている。
・詳しく知らない者なりの真剣な考え方や意見をどのように伝えるのか、きみのコミュニケーション能力を測られている。
・交渉の上手・下手、調整能力や統率力も探られている。

攻略のポイント

・少子高齢化、アジアやアフリカの台頭といったマクロ視点でも語れるようにしておくこと。
・5G、SDGs、AIなど、現代のキーワードはおさえておくこと。それらが志望企業に与える影響を考慮し、課題を考えてみよう。
・企業のよい点ばかり見るのではなく、悪い点も見るクセをつけよう。
・BtoC企業であれば必ず商品やサービスを試してみること。その際に「自分だったらここを改善する」という視点を持つこと。
・そして**必ず改善案や提案を考えておこう**。
・ずっと言われ続けているような、ありきたりな提案ではなくて、**きみならではのオリジナルな提案**が欲しい。**斬新さ**が欲しい。
・相手の立場に立ち、相手の意向をくみながらも、しっかりと自分の提案を行うこと。

本気で志望している会社の問題点を発見し、原因を分析し、改善のための提案をしよう！

本気でその会社のことを考えているからこそ、もっとこうしたらよいのではという考えが生まれるのだ。

聞かれなくても提案したいところだ。

そしてできれば、社会人訪問などを通して、その会社の社員に、事前に聞いてもらってチェックをしておこう！

面接の質問

41

あなたが入社したら、当社にどんなメリットがありますか。

質問の狙い

▼他の学生ではなく、きみを選ぶ理由を自分で説明できるか、分析力・アピール力を見ている。

・入社後、いかに活躍してくれるかを探っている。
・きみのウリが会社にどう生きてくるのかをチェックしている。
・「どんなことをしゃべると有効なのか」をわかっているかどうかで、賢さを判断する。
・「利益貢献する」というシゴトへの意識があるかどうか。

攻略のポイント

・受け身の姿勢では、答えられない質問だ。自分が何をアウトプットするのかを考える**能動的・主体的発想**を普段からしておこう。
・まずは自分のウリをちゃんと把握しよう。
・そのウリが、その会社で仕事をする上で、どのように生かされるのかを考え、結果的に会社にどんなメリットがあるのかをアピールすべきだ。
・根拠としての具体的な経験談も忘れずに。具体的経験がないと、説得力に欠けてしまう。
・**きみならではのメリット**が提示できると最高だ。
・企業研究ができていなければ答えられない。求められる人物像を理解した上で、自分にできることを説明しよう。

この質問こそ明暗を分ける質問だ。

本気で志望しているのであれば、会社に与えるメリットをしっかりと考えておこう。

そして根拠となる具体的経験も併せて用意しておくこと。

我究（自己分析）をしていればまったく問題ないのだが、そうでなければ、この質問は非常に答えにくい。

そういうところからも我究の重要性を理解してほしい。

面接の質問

42

あなたの夢は何ですか。

質問の狙い

夢という重みのあるコトバで、コアを自覚できている深みのある人間か、それとも表面的な人間かどうかを見ている。

・視野の広さ、マクロ視点の有無、社会への関心や問題意識を見ている。
・きみのビジョンを見ている。
・きみが、自分の未来をどのように考えているかを把握する。
・また、どの程度未来を描ける人かもチェックする。
・現実の捉え方、厳しさ、甘さ、アバウトさ、スケールの大きさ・小ささなども見られる。
・社会の動きについての関心の度合いもわかる。

攻略のポイント

・自分の夢を端的に伝えよう。
・世界と日本の動きを捉えて語ろう。
・**自分のコアからつながる未来**を、わかりやすく言う。
・**過去から現在、そして未来と世界へのつながり**を意識することがポイント。
・**自分の夢の実現とその会社がどう関わるのか**も伝えるべき。関係のあることを言う。無関係ではNG。仕事とまったくかけ離れたことを言わないこと。
・どんな会社も未来を描ける人間に入社してほしいもの。「未来のことはよくわかりません」的な返答は、場違いになる可能性が高い。
・まだ実現していないことなのだから、偉そうにならないように。話し方も。態度も。

過去について語るのは簡単だが、未来について語るのは難しい。

だからこそ、我究（自己分析）が生きてくる。

我究していれば、まったく問題ない質問。

自分の夢を大いに語ろう！

しかし、自分の頭の中の夢だけでなく、世界と日本の動きの中で何を実現していきたいのかを語る。

その際、「自分は夢を実現できる人なんだ」ということも暗に伝えよう。

このあたりの質問は一つの山場だ！

面接官を惚れさせよう！

面接の質問

43

10年後のあなたは、どうなっていますか。

質問の狙い

コアに基づいたビジョンがあるか、ビジョンが明確か。

・どの程度リアルにビジョンを描いているか、が問われている。
・きみのビジョンとその会社との関わりについて、チェックされている。
・目標達成のための戦略立案ができるかどうかを見られている。
・「どんなことをしゃべると有効か、何を言うとまずいか」をわかっているかどうかで、賢さを判断する。
・その会社で長期的に働くイメージを持っているかを確認している。

攻略のポイント

・コアに基づいたしっかりとしたビジョンを描いていなければ、話にならない。ビジョンがわからないという人は、我究（自己分析）を通して、しっかりとビジョンを描いておこう。
・10年後だけでなく、5年後や20年後、30年後の自分についてもリアルに考えておくこと。
・ある程度具体的に語ること。未来のことでも、ある程度の具体性は重要である。
・5年後、10年後、自分はその会社で何をしているのか、という視点は必ず伝えよう。
・目標に対して、最適な戦略を立案できることをアピールしよう。
・ここから10年間で、その企業を取り巻く環境がどのように変化するかも理解した上で語ろう。
・社会人訪問を通して、その企業の10年目の社員が期待されていることを理解した上で語ることも大切だ。あまりに現実とかけ離れているキャリアプランを語ると、情報収集能力が低い人物に見られてしまう。

これも我究の成果を存分に発揮すべきところだ。

大いに自分のビジョンを語ればいい。自分の最大の夢は何で、そのために10年後には何をしているのだろうか。

具体的に語りたいところだ。

本気で、我究に取り組みたい人は『絶対内定2025　自己分析とキャリアデザインの描き方』にある94枚のワークシートに取り組もう。

面接の質問

44

この業界は今後どうなっていくと思いますか。

質問の狙い

業界分析の内容を通して、志望度を見ている。

- 情報収集力を見ている。
- 分析力（賢さ）を見ている。
- 不確定な未来の話を、「自分なりの意見」としてまとめる力があるか、見ている。

攻略のポイント

・ありきたりな一般論にならないよう、気をつけよう。
・**自分なりに考えた予測**を語れるようにしておくこと。
・社会人訪問を通して、実際に働いている人の意見を事前に聞いておこう。
・業界の最新動向には、常にアンテナを張っておくこと。
・日本国内で、その業界が今後どのように発展（場合によっては衰退）していくのかを研究しておこう。
・グローバル展開を目指している企業であれば、実際に進出している国の政治・経済・社会情勢などをしっかり把握し、可能性と課題の両面から分析しておこう。
・上場企業を志望する場合は、その企業の「中期経営計画」は当然チェックしておきたい。
・コロナ禍で事業構造が変化している業界・企業がある。それをふまえて思考、行動できているとアピールしよう。最新情報を自らとりにいくこと。

業界の今後を予測した上で、自分が実現したいビジネスプランも語れるようにしておこう。その際に、「どこかの企業がすでに取り組んでいる話」をしてしまわないよう、注意が必要だ。事前にニュースをチェックしておきたい。

【業界分析のポイント】

①業界の話題やトレンドを、ニュースや新聞で調べ理解する。
②業界に影響を与える政策を調べる。（国内だけでなく海外も）。
③業界に属する企業を調べ、それぞれの特徴を把握する（新規参入にも注意）。
④③のうち、主要な企業の中期経営計画を見て、今後の動きを予想する。

45 質問はありますか（逆質問面接）。

質問の狙い

質問の質と量で、志望度とコアを確認している。

・どれだけ企業研究をしたか（＝志望度）を見ている。
・「何を聞くと有効なのか」がわかっているか、賢さを見ている。
・きみのコア（大切にしてきた価値観、これから追い求めたいもの）を確認している。
・入社した後の活躍のイメージを持っているかを確認している。

攻略のポイント

・ネットで調べればわかることは、もちろん聞いてはいけない。
・最新のニュースにはすべて目を通し、**自分なりの意見を持った上で**質問をしよう。
・「**よく調べてあるね**」と感心してもらえるレベルまで調べ尽くさねば、浅い質問しかできないと心得よう。
・事前に社会人訪問をしたい。実際に働く人と話すと、具体的な質問が出てくる。誰でも質問できる抽象的な問い以外を採用担当者にぶつけることができるのだ。「御社の○○さんに伺ったのですが」と、**足を使って情報収集したところもさりげなく伝えながら質問しよう**。
・自分がその企業で**5年後10年後に実現したいこと**をまとめておく。そして、それを実現するために、どんな働く場があるのか、学生の間にできることはないかを質問しよう。
・コアを伝えた上で、それがその企業で実現できるかを確認する。
・面接官が働く上で大切にしていることや、仕事で誇りに感じていることなどを聞いてみよう。きみの心に響く素晴らしい話を聞けることが多い。そこから会話が盛り上がれば、お互いにとって心が通う素晴らしい時間になるはずだ。

近年、「逆質問面接」といわれる面接の形式をとる企業が増えてきている。採用担当者からは何も聞かれない。ひたすら学生が質問を続ける面接だ。長い場合は60分もこの時間が続く。志望度が低い人や、詰めの甘いタイプは、質問が途中でなくなったり、質問内容が浅くなる。

この面接形式は、我究（自己分析）や社究（企業研究や仕事理解）を徹底してやった人にとっては非常に楽しい時間になる。考え抜き、調べ尽くした、きみの思いと疑問を採用担当者にぶつけよう。

言うまでもないが、次のような質問は当然してはいけない。

安定や処遇の手厚さで企業を選んでいるのがバレバレだ。選考において、自分は選ばれる側であるという意識を忘れない。

・福利厚生はどうなっていますか。
・休みはとれますか。
・給料はどれくらいですか、残業代は出ますか。
・離職率はどれくらいですか。

こんな学生がいた

面接の質問35

当社を知ったきっかけは何ですか。

「最初のきっかけは、合同企業セミナーで御社の説明を聞いたことです。その後、青山のアンテナショップに足を運んでみました。そこで御社の方にお話を伺い、○○という考え方に共感しました。その方に教えていただいた晴海のスプリングフェアにも伺い……」

なかなかいい。

足を使って動いていることがいいアピールになっている。

面接の質問38

その仕事にはどんな資質・能力が求められると思いますか。

（コンサル志望の学生A）

「戦略コンサルの仕事において最も大切なのは、コミュニケーション能力と論理的思考力だと思っております」

確かに当たっているのだが、その仕事の本質はどこまで見えているのだろうか。少し疑問が残る。

（コンサル志望の学生B）

「必要な資質は、ゼロから発想する力と自ら実行する力だと思っています」

いい。戦略コンサルの仕事をよくわかっている人の言葉である。

面接の質問 42

あなたの夢は何ですか。

「私の夢は、この手で安全・安心を生み出すことです。14年間続けてきたサッカーでは、ゴールキーパーをやってきました。ゴールを守るという立場から、常にリスクを考え、最も安全な戦略を考えてきました。また、自分がいることで、他のプレーヤーに安心感を与えることに、強い喜びを感じてきました。だからこそ、自ら安全を生み出し、多くの人に安心を与えたいです」

しっかりとコアから述べられている。いい。

彼の志望する整備という仕事へのつながりも納得できる。実に魅力的で、今後の活躍が期待できる。

面接の質問 43

10年後のあなたは、どうなっていますか。

（商社志望の学生）

「MBA留学を経て、経営に関する知識とノウハウを身につけ、新たなビジネスを創出していると思います」

新たなビジネスとはどんな分野のビジネスなのだろうか。

もう少し具体的に語りたい。突っ込んだ質問がなければ、「よくいるMBA好きの学生の一人」で終わってしまう。

ちなみにこれは自分で独立しているイメージなのか。

会社によっては、将来の独立をあまり嬉しく思わないこともあるので、そのあたりは注意深く。

面接の質問

46

あなたにとって就職とは何ですか。あなたの就職観を教えてください。

質問の狙い

▼きみにとって仕事とは何なのか、仕事を通して何を実現させようとしているのかを把握する。

・働くことをどのように捉えているかをチェックしている。
・社会への関心・問題意識を見ている。
・きみの仕事に対する思いを見ている。
・きみのコア・価値観も問われている。

攻略のポイント

・きみの核心をつく大きなポイントである。きみにとって「働く」とはどういう意味があるのか。我究（自己分析）の成果を発揮しよう。
・偉そうにではなく、でも真剣に伝えるべきだ。
・まだ働いたことがないのだから、一般論をいくら述べても説得力に欠けてしまう。自分の等身大の意見を述べよ。
・アルバイトの経験やサークルなどの組織で取り組んだ経験、これまでの生き方をもとに、本音で思うところを語ろう。
・**きみのコアと照らし合わせて、答えよう。**
・「あなたはなぜ就職するのですか」というバリエーションもある。質問の狙いも攻略のポイントも基本的には同じだ。

この質問は、ちゃんと我究してきている人にはビッグチャンスである。
自分のコアとビジョンを踏まえて、「自分にとっての就職とは……」と語ればいい。
この質問で、きみの就職に対する「本気の度合い」が試されるのだ。
社会人の先輩の胸を借りるつもりで、でも堂々と、己の夢を語るがいい。

面接の質問

47

企業選びの軸を教えてください。

質問の狙い

きみが本来的に何を望んでいるのか、何を求めているのかをチェックしている。

・きみのコアを聞いている。
・きみが企業を選ぶ際、何を優先して選んでいるのかを見ている。
・きみが持つ本来の価値観を判断しようとしている。
・どの程度能動的か、あるいは受動的な人かを探っている。

攻略のポイント

・まさに我究（自己分析）の根本である。**我究をしていればまったく問題ない**。

・きみは仕事を通じて何を実現していきたいのか（Giving）。それを踏まえて、自分の価値判断軸を考えよう。

・「成長できそう」「海外に行く機会がありそう」といった、自分が何を得られるかの視点も大切だが、面接官はそこにはあまり興味がないと思っていいだろう。

・きみのコアとその会社の創業理念とがどうシンクロしているのか。

・これが企業ごとに異なる答えになるとすると、考えものだ。本当にその会社に行きたいのだろうか。もう一度、我究したほうがいい。

・会社の特徴をきみならではの視点で見出せれば、ユニークな発想力をアピールできる。

・どこに所属したいかではなく、何をしたいかを能動的に語ろう。

・「その軸をもとに、他社はどこを受けていますか」という質問が続く。軸に沿った企業選定ができていることを、回答する社名で伝えたい。

この質問で、自分がいかに深く考えているか、自分がいかに真剣か、いかに本気かを伝えるべき！

当然、目は本気モードで。

気をつけよう！

「**社員一人当たりの利益率です**」など、会社を分析して特徴を述べても、きみの軸は伝わらない。どうしてそのポイントを重視するのか、自分の価値観を話そう。

面接の質問

48 学生と社会人の一番の違いは何だと思いますか。

質問の狙い

働くことへの自覚を見ている。

・学生から社会人になる意識と覚悟はあるかをチェックしている。
・社会人の世界をわかっているか、社会の厳しさ、実社会の現実が見えているかをチェックしている。

攻略のポイント

・「学生なのでわからない」では、済まされない。
・社会人訪問や会社訪問、アルバイトの経験、インターン経験などを通して、社会人の世界の厳しさや現実をしっかりと把握しておくこと。
・「覚悟ができている」という雰囲気で伝えよ。

この質問に対して、笑いやおちゃらけは一切なくそう。

笑いをとって済ませるようなところではなく、きみの覚悟が問われているのだ。

あくまで真剣に、己の覚悟を語るつもりで答えよう。

この質問に覚悟を持って答えられないのであれば、一度就職自体を考え直してみてはどうか。

社会人になる自覚もない状態で、就職活動してもあまり意味はないし、何より後々つらくなるのは目に見えている。

仕事や人生には楽しいこともそうでないことも必ずある。「自分が何のためならがんばれるか」をはっきりさせるために我究をしよう。

面接の質問

49

インターンシップに参加した企業はどこですか。

質問の狙い

▼きみの就職活動の軸（コア）と、選考企業への志望度を見ている。

・参加企業を通して、きみの就職活動の軸を見ている。
・参加企業を通して、きみの業界への志望度を見ている。
・インターンシップの参加時期や内容を通して、きみの働くことへの意欲・関心を見ている。

攻略のポイント

・「参加企業を選ぶ軸」が何だったのかを、語れるようにしておこう。例えば「社会に○○という影響を与えたいと思っています。それが実現できそうな会社を選んで参加しました」や、「商品企画の仕事に就きたいと思っているので、それを実践的に経験できる企業のインターンシップに挑戦しました」など。目的意識を持ってしっかりと動いていたことをアピールしたい。

・採用担当者はその後に「その経験から何を学びましたか」と、インターンシップで、きみたちが何をどのくらい学べたのかを聞いてくる。「(インターンシップという)一つの経験から、どれくらいのことを得られるか」を知ることで、入社後のきみの成長スピードを想像するのだ。

・また、「実際に参加して、想像とのギャップはありましたか」と、きみのコアとのマッチングを確認してくる。ただ単に「なかったです」と答えないように。

・長期インターンシップの場合、「その経験から学んだこと」「それをどう乗り越えたか」を説明できるようにしておくこと。

・外資、ベンチャー、海外など、参加したジャンルやエリアなどによってきみの価値観や能力を見ようとしている。

きみのコアと一致している部分を言葉にして伝えよう。例えば「○○にやりがいがあると思い参加したところ、その点に関しては予想通りでした」という具合だ。自分の判断軸が明確であることと、インターンシップに参加し、仕事内容とコアとが一致するかを能動的に確認したとしっかり伝える。

一方、他の企業のインターンシップに参加してみて、コアと仕事の内容が異なると感じたこともあるだろう。それをこの質問で語ってもよい。明確な判断軸と共に、目指している企業との親和性が高いと主張すれば、説得力がある。どの会社に対しても同じことを話していては、相手は納得してくれない。

面接の質問

50

他にどんなところを受けていますか。

質問の狙い

▼志望度合いの強さ・やりたいことへの本気度をチェックしている。

・仕事へのこだわりを見ている。
・就職活動や企業選びのつながり・一貫性をチェックしている。
・他社の選考状況をチェックしている。

実はこの質問も、大きなチャンス。就職活動自体や企業選びに、強いこだわりを持って臨んでいれば、ぜひそれを言いたい。

そうすることで、自分の価値観も伝えられるし、志望度合いや、やりたいことへの本気度が強烈に伝わる。

あれもこれもとにかく受けるとかではなくて、一度、しっかりと自分のやりたいことについて考えて、こだわりを持って就職活動に立ち向かってほしい。

攻略のポイント

・自分なりのこだわりを持って就職活動をし、企業を受けているのであれば、そのまま受けている会社を言えばいい。その上で、そのこだわりを必ず伝えよう。

・特にこだわりもなく、たくさんの企業を回っている人は、全部を言う必要はない。何らかの**一貫性のある会社群**を答えよう。同時に、自分のコアとそれらの会社がどうつながっているのかを言語化し、語れるようにしておくこと。

・この後、多くの場合「他社はどの程度進んでいますか?」とくる。

面接の質問

51

他社はどの程度進んでいますか。

質問の狙い

▼答える時の反応で、タフさやストレス耐性、調子のよさ、ウソつき度を見ている。

・きみに対する他社の評価をチェックしている。

・「どんなことをしゃべると有効なのか」をわかっているかどうかで、賢さを判断する。

攻略のポイント

・他社の選考が進んでいるならば、正直に答えるのが一番いい。
・もし他社の選考で落とされているなら、何次面接まで進んだのかを伝えた上で、なぜ落とされたのか、自分なりの敗因分析を簡単に伝えよう。
・伝えることで評価が下がるようなことは伝える必要はない。「正直な学生だ、しかし間抜けな学生でもある」と面接官は思うだろう。
・他社の選考状況を伝えつつも、「御社が大本命である」ことを伝える。

気をつけよう！

落ちたのに「**残っています**」とウソをつく学生がたまにいる。これはやめたほうがいい。多くの場合ウソはバレるし、もしバレなかったとしても、きみの気持ちはすっきりしないだろう。ここは正々堂々と勝負してみてはどうか。

52 当社に落ちたら、どうしますか。

質問の狙い

やりたいことに対する本気度、志望度の強さを確認している。

・慎重さや緻密さ、その一方でアバウトさ、投げやり感などをチェックされる。
・物事に対するリスクヘッジ能力も見られている。
・物事への柔軟な対応力も見られている。
・これまでの主張に一貫性があるかどうかも問われる。

攻略のポイント

・雰囲気にもよるが、基本的には冗談でかわすべき質問ではない。
・本気で落ちた時のことを考えて、自分なりのリスクヘッジ策を述べたい。
・たとえその会社に落ちても、きみがやりたいことは、その会社でなくても実現できるはず。他の会社や他の手段で、どのようにやりたいことを実現させるのかを述べよう。どうしても入社したいのであれば、中途採用という手もあるはずだ。
・**たとえどんな状況であっても、自分の夢ややりたいことに対する思いは強く持っておこう。**どんなことがあっても実現させるのだという強い気概を忘れるな。

大事なのは、自分が貫きたい本気の想いを力強く語ることだ。

やりたいことが会社ありきなのか問われている。

人生をかけて挑戦したいことであれば、この質問に対して、まっすぐに思いを伝えられるはずだ。

面接の質問

53

すでに内定したところは、どこかありますか。

質問の狙い

就活の展開の仕方から、戦略性を見ている。

・きみに対する他社の評価をチェックしている。
・答える時の反応で、タフさやストレス耐性、調子のよさ、ウソつき度を見ている。

攻略のポイント

・他社から内定をいただいているならば、正直に答えるのが一番いい。隠す必要はない。
・「内定している会社とウチの会社、どっちに行くの？」と聞かれても、本音を言えばいい。その会社に行きたいから受けているはずだ。
・もし内定がなければ、正直に答えるしかない。**ウソはやめておいたほうがいい**。

他社に内定していると、評価が高くなるという事実は確かにある。

実際、他の会社で「ぜひウチに欲しい」と言わしめた人材だという証拠なのだから、それを聞いて、さらに評価が高くなるというのも無理はない。

でも、他社の内定どころか、「本命企業以外は全て落ちた」という人もいるのだ。

すでに内定を持っているかどうか、など気にするな！　決まるヤツはどんな状態でも決まるのだ！

心配しないで、胸を張っていけ！

面接の質問

54

当社は第一志望ですか。

質問の狙い

▼当社への志望の強さを見ている。

▼平気でウソをいう人か、人間の軽さを見ている。

・本当に当社が第一志望なのか、第一志望でないのに、平気な顔して「第一志望」と言えてしまう人間なのか。

・第一志望だと言っておいて、内定してから辞退する学生の多さに、企業側は困っている。そしてそれ以前に、その調子のよさにあきれている。

攻略のポイント

・軽さが出ないように。第一志望である場合も、重みを持って伝えたい。結婚したい相手の親に挨拶に行く時と同じような心境が、根底にあるべきではないか。
・第一志望ではない場合、「第一志望ではない」とはっきり言うことは、面接官の方にも失礼な気がして伝えにくい。ではウソを言うべきなのだろうか。
・「第一志望」なのか、「**いくつかある第一志望群のうちの一つ**」なのか、「**今は第一志望だが、他社も見てみたい**」のか。将来共に働く仲間(先輩)になるかもしれない方と、誠実な関係であるべきではないのか。
・何と言うかも大切だが、それをどのように伝えるのかで、きみがどのような人間かがわかる(人間性・価値観・賢さ)。そして、きみはどのような人間でありたいのかが問われている。
・「他社も受けたいのですが」と伝え、それで落ちることももちろんある。きみのその時点までの評価の高さ、あるいは、きみの思いの伝え方にもよるのだ。
・仕事によっては、調子のよさもある程度求められる側面はある。しかし人にウソを言ってもいいのだろうか。面接官をあざむく、しゃあしゃあとした態度はある意味ですごい。が、どういうつもりで面接を受けているのだろう。そのような不誠実な関係を、きみは望んでいるのか。そもそもどのような人間になりたいと思っているのか。仮にあざむいて内定して、きみはどう思うのだろうか。その会社に入社するとしたら、どのような気持ちで入社していくのだろうか。後日その会社の内定を辞退するとしたら、きみはどう感じるのだろうか。

学生も、社会人も、大人も、モラルのレベルが変化していることは否めない。

我究館でも残念ながら第一志望でなくても「第一志望だ」と言ったという学生がいる。第一志望がいくつかあるのだという弁明を聞くが、明らかに第一志望でいう他社を受けるつもりはないというニュアンスを伝えながら、他社も受けている人がいる。正直言って、情けない。

そのようにして内定した場合、結局辞退すると決めたなら、一日も早く辞退を申し出よ。そして一つでも内定ワクを他の学生のためにあけるべきだ。

第一志望とウソを言って内定し、他の会社に行く人間は、その時点ではその程度の自分本位の人間だということだ。ちなみに入社後活躍する人は、就活の時点から人をあざむくようなことをしていない人たちだという傾向が、明確に出ている。

面接の質問

55

なぜ留年したのですか。

質問の狙い

価値観を見ている。

・留年は「悪いこと」ではない。「絶対してはいけない」と捉えている面接官は、ほとんどいないだろう。しかし、留年という事実を、どの程度の重みをもって、捉えているのか。

・留年にはお金もかかる。これまで20年育ててきた親の思いもあるだろう。それについてはどう考えているのだろうか。

・自分の都合で安易に留年しているのではないか。その場合、親との関係はどうなっているのか。

攻略のポイント

・「就職留年です」は、答えになっていない。軽い。**なぜ就職留年しようと思ったのか**を、語るのだ。

・A「**昨年も一生懸命就職活動して、それでもダメだった**」のか。それとも、B「**就職活動と重なる時期に、何か他のことに打ち込んでいて就職活動はおろそかになってしまった（してしまった）**」のか。現実として、難関企業であればあるほど、Bのほうが受け入れられやすい。「一生懸命やったのにもかかわらず、決めきれなかった」という人を、翌年に採用するというのは、プライドの高い会社では少ないだろう。

・そもそも本当に就職留年なのだろうか。他に「どうしてもやりたかったこと」があったのではないのか。

・もしAの場合は「なぜ落ちたのか」「そこから何を学んだのか」「昨年の自分と何がどう違うのか」を言葉にして説明できるようにすること。

我究館では毎年、多くの就職留年組が結果を出すが、就職活動だけを一生懸命やっていた人はほとんどいない。採用側の本音として、「就職活動だけずっと一生懸命やっていたという人」を採用したいとは思えないのは、想像がつくだろう。

このまま学生生活を終えたくない、なんとなくもう少し学生をやりたくて留年したという人も少なくないだろう。その気持ちは多くの面接官がわかるはずなのだが、その場合も、もう少し具体的に、もう少し論理的に語れるようにするべきだ。

留年とは、軽々しくするべきものではないという通念が根底にある。特に学費を払う側、それまで育ててきた親の気持ちに、面接官はどうしても感情移入する。自分の子供にこのように「なんとなく」で留年されたら困るという思いを持っている人が多い。なんとなくの言葉にどれほどの深い思いがあるのか、それを伝えないと。言葉にできないほどの思いでも、面接官に伝えるために、それをなんとしてでも言葉にしていく必要があると心得よ。例えば、「学生のうちに、どうしても挑戦したいことがあった」のではないか。

面接の質問

56

大学の専攻と関係ない分野ですが、なぜ専攻を活かした分野に就職しないのですか。

質問の狙い

願望の強さ、考えの深さを見ている。

・卒業後まったく違う分野に進むことが悪いことでは決してないが、そうであるなら、**そもそもなぜその専門を選んだのか**を尋ねることで、人間の軽さがわかる。

・特に理系から技術系以外の分野へ就職する場合、文系よりも高い学費を払ったのは誰なのか、払ってくれた人への思いはどのようなものがあるのか、知りたいところだ。

攻略のポイント

・軽くならないように。どのような思いがあるのか。今の思いも、いずれ近い将来「やっぱり違った」と、また軽やかにチェンジする可能性があるのではないか、と相手は勘ぐっていると思って臨むべきだ。**深い思考の上での決断である**ことを伝えないと、多くの場合軽くなる。

・自分の思いを貫くことは悪いことではないし、それを支持する人が大多数であるが、学費を払ってくれた方への思いもこめるべきだ。

特に国立大学の理系で学んだ人は、国の金で、間接的に国民に期待されて学んだのにもかかわらず、まったく違う分野に行くという決断をしようとしているという意識を持つべきだ。

・大学で学んだその専門性は、違う分野ではどう活かせるのか。なぜその専門を学んだ人を採用するべきなのだろうか。本質を押さえてレバレッジを効かせる、柔軟な発想ができる人かどうか、も測られている。

「そもそも大学の専門を選んだ理由を教えてください」

という質問が必ずくる。どういう思考・洞察に基づいて、18歳あるいはハタチの時に決断したのか。その時点ではどう考え、今はどう考えているのか。

「面白そうだったから」や「興味があったから」では思考の浅さがもろに出る。

自分のコアを軸に語れることを考えるのだ。

こんな学生がいた

面接の質問47

企業選びの軸を教えてください。

「私の企業選びの軸とは、自分が成長できるかどうかであります。最も自分が成長できるフィールドを望んでいます」

このように自己の成長をあげる学生が非常に多いが、ちょっと勘違いしていないか。

会社はきみを成長させるために、雇うのではない。きみが何かしらの貢献をするから、給与を払って雇うのだ。成長したいだけであれば、自分でお金を払って、スクールにでも行くべきではないか。

たとえどんなフィールドでも成長するヤツは成長するぞ。

せめて「どう成長したいか」「どうしてその成長がその企業でできると思うのか」を述べないと、絞り込めないはずだ。

面接の質問50

他にどんなところを受けていますか。

「総合商社やメーカー、ＩＴ企業を受けています。何か大きなことをやってみたいので、それができるところを受けています」

もったいない！　きみなりのこだわりは「大きなこと」だけなのだろうか？　もっと自分が本当にやりたいことのこだわりを、深いレベルで考えよう。具体的な内容やそれに取り組みたい理由を言葉にしよう。

面接の質問51

他社はどの程度進んでいますか。

「A社は現在3次選考の結果待ちです。B社は次に4次選考となっております。C社はまだエントリーしたところです」

このように正直に答えるのがいい。

これによりきみが他社でどのような評価をされているのか、チェックされる。

面接官としても、自分たちの評価だけでは不安になる場合もある。その時、他社での評価を聞いて、自分たちの評価と擦り合わせるのだ。

「御社以外は、どこも進んでおりません。A社は一次面接で落ち、B社はエントリーシートで落ちてしまいました。言いたいことを端的に表現することができなかったのが良くなかったと考え、最初に結論を言うように心がけた結果、御社はこの面接まで進めました」

いいぞ！　他社での評価は決して良くないが、自分なりに敗因分析をしていて、ちゃんと克服もしてきている。成長の可能性を感じる！

面接でのしゃべり方という「表面的なスキル」以外の部分（自分の内面に関すること）にも敗因を見つけようとする姿勢を見せられたらもっとよい！

しかし、一次で落ちたと言ってしまっていいのかどうか。そのあたりは、志望している企業と落とされた企業の難易度、などを考慮して慎重にいくべきところだ。

面接の質問

57

最近の出来事で、最も興味を持ったものは何ですか。それについて、どんな意見を持っていますか。

質問の狙い

▼コアが本当にコアなのか、確認している。

・社会に対する興味・関心の幅が問われている。
・社会に対する問題意識についてもチェックされる。
・自分の視点で物事を捉え、自分の意見を持っているかが見られている。

攻略のポイント

・常に高いアンテナを張って、社会を見ていく必要がある。
・社会のさまざまな出来事に対して、自分の考えを持っておくことが大事。
・コツやテクニックではなく、日頃の意識と心がけで決まる。
・**どうしてその出来事に興味を持ったのかを、コアで答えよう**。
・コアや「コアに直結したやりたいこと」、さらにその会社に関係のある時事問題を答える。
・コアや「コアに直結したやりたいこと」とは無関係の時事問題を答えないように。

この質問でも、実はコアをアピールできる！

自分はどんなものに興味を持つのか、どのようなことに関心を抱くのか、自分自身のコアや価値観を把握することで、このような質問に対しても、しっかりとコアをアピールできるのだ。

これが我究（自己分析）の最大の強みだ。

何はともあれ、まず自分を知ろう。自分のことを、自分の言葉で自信を持って語れるだろうか。

58

今日のニュースで、最も興味を持った記事を教えてください。それについて、どんな意見を持っていますか。

質問の狙い

▼きみのコアが本当にコアなのか、確認している。

・社会に対する興味・関心の幅が問われている。
・社会に対する問題意識についてもチェックされる。
・自分の視点で物事を捉え、自分の意見を持っているかが見られている。

攻略のポイント

・経済や社会に関するニュースは毎日、必ずチェックすること。社会人の常識だ。
・常に高いアンテナを張って、社会を見ていく必要がある。
・社会のさまざまな出来事に対して、自分の考えを持っておくことが大事。
・そのニュースが志望企業にどのような影響を与えるのかを説明できるようにすること。
・コツやテクニックではなく、日頃の意識と心がけで決まる。習慣化させよう。
・コアや「コアに直結したやりたいこと」、さらにその会社に関係のある時事問題を答える。
・どうしてその出来事に興味を持ったのかを、**コアで答えよう**。
・当然、面接を受ける企業に関係するニュースは面接当日の朝、すべてチェックすることだ。

将来、関わりたいと思っている仕事の情報に日々触れておこう。加えて、ニュースに対して自分なりの意見を持つ習慣をつけよう。

我究館生は「今日のニュース」というトレーニングを日々行っている。毎日一つニュースを選び、それを要約し、自分の意見をまとめる。

習慣化することで、思考力は養われていく。

面接の質問

59

最後に何かありますか。

質問の狙い

▼チャンスを逃さないメンタルのタフさと、その企業への志望度を見ている。

・採用担当者が聞き出せなかった、きみの魅力を確認している。
・「どんな発言をすると有効か」わかっているか、賢さを見ている。
・話す内容と姿勢を見て、その企業への志望度を見ている。

攻略のポイント

・もちろん「ありません」では、採用担当者もガックリきてしまう。
・そのためにも、面接の間「伝えられた自分の良さ」と「伝えられなかった自分の良さ」を把握しながら会話を進める。
・この質問がきたらチャンスだ、後者の「**伝えられなかった自分の良さ**」を相手に伝えよう。
・「本日の面接では、私の○○な一面をお伝えできていないと思うのですが……」と話し始め、簡潔に相手に伝えるのだ。
・また外見で「体力なさそう」や「リーダーシップがなさそう」など、ネガティブな印象を与えてしまう人も少なからずいるように思う。そのような人にもチャンスだ「よく△△（ネガティブな印象）と思われるのですが、以外に○○な一面もあります」と**ネガティブな印象を覆す、きみのエピソード**を相手に伝えよう。

面接の最後の質問だ。バシッと決めたい。なるべく簡潔に伝えることが大切。ほとんどの場合、面接の残り時間が数分のタイミングでこの質問がくる。ここでダラダラ話してしまうと、逆効果だ。

きみの体中のエネルギーを集めて、コンパクトにアピールして終わろう。

きみの全神経を使って、心を震わせながら相手に自分を伝えて終わるんだ。

面接官も人間である。心を持った、感情もある人間なのだ。

きみの気持ちは必ず伝わる。

きみの気持ちが本物であれば。

話す内容以上に、きみ自身をすべて出し切って面接を終えよう。

エピソードのアピール度が一気に高まる16の法則

Before		After
表面的な行動	→	1 自分のコアに直結した行動
受動的な行動	→	2 能動的な行動
1人でがんばる行動	→	3 みんなを巻き込む行動
メンバーの1人	→	4 実質的なリーダー
ただのまとめ役	→	5 何らかのアイデアの発案者兼まとめ役
単なる改善	→	6 コンセプトレベルからの改善
単発イベント	→	7 継続的な活動
多くの人がやっていそうなこと	→	8 コンセプトがユニークなこと
みんなと同じような工夫	→	9 ユニークな工夫
すんなりうまくいったこと	→	10 困難を乗り越えたこと
今だけの改善	→	11 後々まで影響する構造的変化
そこそこレベル	→	12 突出したレベル
サポートする立場	→	13 当事者としての活動
勉強系、あるいは肉体系オンリー	→	14 勉強系と肉体系の両方
マイナスから±0	→	15 結果としてプラスの話
結果で語る	→	16 過程と結果のバランスがとれた話

切り口の違いで
きみの印象はまったく違うものになる!

『絶対内定2025　面接』ではそれぞれの法則について
実例とともに詳しく解説している。

おわりに

結局コアがすべてだ

本書で紹介した質問の狙い、そして攻略のポイントを見直して、改めて気づくだろう。

結局、**コアがすべて**だということに。

過去のことも、未来のことも、やりたいことも、気になる時事問題も、どんな質問も、自分のコアである価値観に基づいて答えていくことが重要なのだ。

自分がどんな人間なのか、どんなことに喜びを感じるのか、どんなことをこれからも追い求めていきたいのか。

「過去のことも未来のことも、そういう自分のコアに基づいて人は選択していく」

そう言うと抵抗感があるだろうか。

本当の自分はそんなに整然としてはいない……。

我究する前はほとんどの人がそう感じるものである。

しかし、過去をしっかり振り返ると、「多くのこと、特に大事な決断や無意識に判断したと思っていたことが、不思議と**心の奥底の価値観に沿っている**ことが多い」ということに気づかされる。驚くほどに誰もが。

自分の根底に流れる価値観を自覚し、それを意識して答えることで、過去のことも未来のことも、どんな質問も説得力を持って伝えられる。それはどうしようもない事実なのだ。

面接は短い。ほとんどの場合、数十分で終わってしまう。

自分のいろんな面を伝えたくなる気持ちはよくわかるが、短い時間に伝えるためには、絞り込んで**「コアを伝えること」を意識しよう**。

＊

さて、この本の目的でもある「面接官の質問の狙い」は理解していただけただろうか。

面接官の心の動きを読む意識を高めることができただろうか。

自分を効果的に伝えるために、面接官の気持ちを読み、面接官がどんな気持ちで何を尋ねようとしているのかに集中しよう。

この本は一問一答という形式になってはいるが、実際の面接はもっと柔軟だ。きみの答えや答え方によって、面接官も予定していない方向に、いくらでも動いていくものだ。

どうしてこの脈絡でそれを聞いてくるのだろうか？

短時間に質疑が繰り返される面接とは、一見特殊なコミュニケーションの場であるが、その基本は、実は「相手の気持ちをくみながら自分の考えを伝える」という、家庭やサークルやゼミや仕事などの**どこにでもある人間関係を凝縮したもの**であるのだ。

僕たちは誰一人、一人では生きていけない。何をするにも多くの人と、ともにやっていく。きみの未来には、何十何百何千という新しい出会いが待っている。きみが面接で培うスキルが、きみのビジョンを実現していく上で、大いに活かされることを願ってやまない。

我究館　杉村太郎

［著者］

杉村太郎（すぎむら・たろう）

（株）ジャパンビジネスラボ創業者、我究館、プレゼンス創業者・元会長。

1963年東京都生まれ。慶應義塾大学理工学部管理工学科卒。米国ハーバード大学ケネディ行政大学院修了（MPA）。87年、住友商事入社。損害保険会社に転職し、経営戦略と人材育成・採用を担当。90年、シャインズを結成し、『私の彼はサラリーマン』でCDデビュー。

92年、（株）ジャパンビジネスラボ及び「我究館」を設立。就職活動に初めて“キャリアデザイン”の概念を導入し、独自の人材育成「我究（がきゅう）」を展開。94年『絶対内定95』を上梓。97年、我究館社会人校を開校。2001年、TOEIC®/TOEFL®/英会話/中国語コーチングスクール「プレゼンス」を設立。08年にハーバード大学ウェザーヘッド国際問題研究所客員研究員に就任、日米の雇用・教育問題と政策について研究。11年8月急逝。

著書は「絶対内定」シリーズ、『新TOEIC®テスト900点 新TOEFL®テスト100点への王道』（共にダイヤモンド社）、『ハーバード・ケネディスクールでは、何をどう教えているか』（共著、英治出版）、『アツイコトバ』（一部電子書籍はダイヤモンド社より発行）等。

藤本健司（ふじもと・けんじ）

我究館館長。千葉大学教育学部卒業後、（株）毎日コムネット入社。営業に配属され、2年目に優秀社員賞、3年目に社長賞を受賞。2012年「世界の教育問題に対峙したい」との思いから、青年海外協力隊としてケニア共和国で活動。3年間、JICAや現地の省庁と連携し、児童福祉施設における情操教育やカウンセリングに携わり、「人は志や気づきによって大きな成長を遂げられる」ことを実感する。2016年より（株）ジャパンビジネスラボに参画。我究館学生校の主担当コーチとして大学生をサポート。2017年10月より副館長を務め、2021年5月より現職。外資系投資銀行、コンサルティングファーム、総合商社、広告代理店など、難関企業に多数の内定実績がある。著書に「絶対内定」シリーズがある。
ツイッター　@Kenji_Fujimon

キャリアデザインスクール・我究館

心から納得のいくキャリアの描き方と実現をサポートする就職・転職コーチングスクール。1992年の創立以来、31年にわたり全業界に10200人の人材を輩出。

日本を代表するコーチ陣が、就職、転職、ロースクールや医学部進学、MBA留学、資格取得等、次の成長の機会を模索し、その実現に悩む人々をバックアップしている。
※絶対内定®は杉村太郎（株）の登録商標です。
※我究®、我究館®は（株）ジャパンビジネスラボの登録商標です。

絶対内定2025 面接の質問

2023年5月9日　第1刷発行

著　者——杉村太郎、藤本健司
発行所——ダイヤモンド社
〒150-8409　東京都渋谷区神宮前6-12-17
https://www.diamond.co.jp/
電話／03·5778·7233（編集）03·5778·7240（販売）

装丁——渡邊民人（TYPEFACE）
本文デザイン・DTP——谷関笑子（TYPEFACE）
校正——三森由紀子
製作進行——ダイヤモンド・グラフィック社
印刷——勇進印刷（本文）・加藤文明社（カバー）
製本——川島製本所
編集担当——朝倉陸矢

ISBN 978-4-478-11798-9

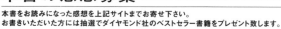

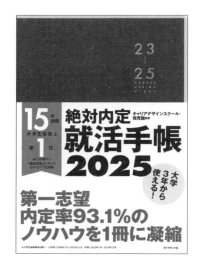